Samuel Hahndel

Ueber die gegen den Götterglauben gerichteten Schriften Lukians von Samosata

Samuel Hahndel

Ueber die gegen den Götterglauben gerichteten Schriften Lukians von Samosata

ISBN/EAN: 9783742896834

Hergestellt in Europa, USA, Kanada, Australien, Japan

Cover: Foto ©ninafisch / pixelio.de

Manufactured and distributed by brebook publishing software (www.brebook.com)

Samuel Hahndel

Ueber die gegen den Götterglauben gerichteten Schriften Lukians von Samosata

Ueber die gegen den Götterglauben gerichteten Schriften Lukians von Samosata.

Nicht ohne triftigen Grund lässt sich die Frage aufwerfen, was Lukian bewog, zu einer Zeit, wo der Glaube an die alten Götter ohnehin so sehr erschüttert war, eine Reihe von Schriften gegen dieselben zu verfassen und namentlich die in den Mythen enthaltenen schon so oft und so lange vorher bemerkten Widersprüche mit so rastlosem Eifer hervorzusuchen und als lächerlich darzustellen. Schon in dem Anthropomorphismus der griechischen Religion an sich, den die graue Vorzeit und die ältesten Dichter [1]) geschaffen, der aber bereits die zweite Entwickelungsepoche einer Naturreligion bezeichnet, lagen die Keime des Verfalls, und frühzeitig waren die inneren Widersprüche desselben von Philosophen [2]) und Dichtern direkt oder indirekt bekämpft worden. Der Philosoph und Dichter Xenophanes von Elea und andere, die in seinem Sinne schrieben, nahmen zu den Mythen eine gegnerische Stellung ein [3]); nicht minder zeigte sich in dem weitverbreiteten Streben anderer Philosophen [4]), die Mythen

---

[1]) Herodot 2. 53.
[2]) Plato de re publ. X. p. 607 B: παλαιά τις διαφορὰ φιλοσοφίᾳ τε καὶ ποιητικῇ.
[3]) S. Schwegler, Gesch. d. griech. Philos. 2 A. 78. Vgl. das Fragment des Xenophanes bei Sext. Empir. (p. 431 Bekk.):
πάντα θεοῖς ἀνέθηκαν Ὅμηρός θ᾽ Ἡσίοδός τε.
ὅσσα παρ᾽ ἀνθρώποισιν ὀνείδεα καὶ ψόγος ἐςίν,
κλέπτειν μοιχεύειν τε καὶ ἀλλήλους ἀπατεύειν.
[4]) Wie Metrodor von Lampsakos. Vgl. Plato Jon p. 530 C u. Lobeck Aglaopham. I, 155 ff.

1*

allegorisch zu erklären, die Unzulänglichkeit der wörtlichen Mythen
deutung. Auch hatte der dritte grosse Tragiker durch manche frei
sinnige Aeusserung [5]) das seinige dazu beigetragen, das Ansehen de
griechischen Götter zu schwächen, und es ist bekannt, wie wenig d:
Weise des Aristophanes, die Götter auf die Bühne zu bringen, d:
Autorität derselben zu befestigen geeignet war. Vorzugsweise abe
musste die nationale Religion mit dem Untergange der nationale
Selbstständigkeit an Bedeutung verlieren, und es konnte naturgemäs
erscheinen, dass ein Euhemeros, der um 310 v. Cr. lebte, in seine
ἱερὰ ἀναγραφή die alten Mythen mit einem entschiedenen und cor
sequenten Rationalismus analysirte, der von der gewohnten poetische
Auffassung himmelweit entfernt war [6]). Und dass von dieser Ze
bis auf Lukian herab der Auflösungprocess nicht stehen gebliebe
war, sondern sich weiter vollzogen hatte, geht aus der römische
nnd griechischen Litteratur dieses Zeitraums, namentlich aber au
einer Fülle von lukianischen Stellen hervor.

War nun die hellenische Götterwelt, einem natürlichen En
wicklungsprocesse folgend, längst von ihrer idealen Höhe herabge
sunken, wie konnte Lukian, ein Mann, der sowol selbst Geschmac
genug besass, als auch das ausgewählteste Publikum zu seinen Leser
und Hörern hatte, eine so vielfache und energische Destructions
arbeit gegen dieselbe betätigen?

Jener gründliche, rastlose Eifer, immer neue Schwächen, imme
neue Widersprüche in den Mythen zu entdecken, muss seine gute
Gründe haben und ist dadurch, „dass durch Hadrian und die Anto
nine besonders in Griechenland und im Orient noch einmal eine A
von künstlicher Orthodoxie in diesen alten Formen des Heidentum
bewirkt war" [7]), noch nicht hinreichend erklärt. Auch vor und nac
dem genannten Zeitraume waren die Formen und die äussere Gesta
des alten Kultus herrschend „vermittelst der Macht der Gewohnhe
und des jedem Ceremoniendienste innewohnenden Reizes" [8]), und Lu
kian hätte bei seiner Anlage und seiner schriftstellerischen Richtun

---

[5]) Vgl. das Fragment bei Luk. Jup. trag. 41:
ὁρᾷς τὸν ὑψοῦ τόνδ᾽ ἄπειρον αἰθέρα
καὶ γῆν πέριξ ἔχονθ᾽ ὑγραῖς ἐν ἀγκάλαις;
τοῦτον νόμιζε Ζῆνα, τόνδ᾽ ἡγοῦ θεόν.
[6]) Cic. de nat. deor. 1. 42. 118.
[7]) Preller in Pauly's Real-Encycl. IV. 1172.

gewiss auch zu einer andern Zeit den Kampf gegen die Götter auf
genommen. Dazu drängte ihn mit unwiderstehlicher Gewalt vor allem das
selbe Streben, das ihn auch antrieb, das ganze Scheinwesen seine
Zeit, wie es sich in der Litteratur und Rhetorik und namentlich
unter den Philosophen zeigte, zu entlarven. Wo irgend etwas seinem
Wesen nach lügenhaft und hinfällig war, die innere Schwäche jedoch
unter einer blendenden Scheinhülle zu verbergen suchte, da lüftet
Lukian, zumal wenn es sich um einen Wahn handelte, der sich der
grossen Menge bemächtigt hatte, schonungslos die gebrechliche Hüll
und eröffnete seinen Zeitgenossen einen wenn auch oft unliebsame
Einblick in das Innere desselben. Wie er die ganze Niedrigkeit un
Verworfenheit jener Leute, die sich Philosophen nannten, in eine
Reihe der trefflichsten und drastischesten Bilder [9] darzustellen sic
bemüht und dabei niemals ausser Acht lässt, auf die äussere
Merkmale derselben, den Philosophenmantel und den lange
struppigen Bart spöttisch hinzuweisen, welche Aeusserlichkeiten da
einzige sind, was jene mit ehrlichen Philosophen gemein haben, s
war Lukian auch bemüht, die alten Götter der Mythe, welche, s
ehr sie auch mit der Zeit an allgemeiner und ausschliesslicher An
rkennung verloren hatten, immer noch die Grundlage der religiöse
Anschauungen der Menge und des öffentlichen Kultus bildeten, noc
inmal in ihrer ganzen Nichtigkeit hinzustellen. Die wahre Bedeu
ung der alten Götterwelt begriff man seit lange nicht mehr, de
Cultus war eine blosse Form, etwas äusserliches ohne innern Wer
as ganze Religionswesen war hohl geworden und glich den vo
ussen schönen, von innen aber wurmstichigen Gebilden eines Phidia
nd Praxiteles, von denen Lukian gewiss nicht ohne ernste Bezie
ung sagt [10]: ὡς τούς γε Ἕλληνας (θεούς) ὁρᾷς ὁποῖοί εἰσι, χαρί
ντες μὲν καὶ εὐπρόσωποι καὶ κατὰ τέχνην ἐσχηματισ
.ένοι, λίθινοι δὲ ἢ χαλκοῖ ὁμοίως ἅπαντες ἢ οἵ γε πολυτελέςατο
ὑτῶν ἐλεφάντινοι ὀλίγον ὅσον τοῦ χρυσοῦ ἀποςίλβοντες, ὡς ἐπικεχρῶ
θαι καὶ ἐπηλυγάσθαι μόνον, τὰ δὲ ἔνδον ὑπόξυλοι καὶ οὗτο
.υῶν ἀγέλας ὅλας ἐμπολιτευομένας σκέποντες.[11] Das
ber jene Scheingötter trotz der vielfachen bestandenen Anfechtunge

---

[9] Vgl. namentlich das Convivium.
[10] Jup. trag. 8.
[11] Vgl. Somn. s. Gall. 24.

noch existirten, noch existiren konnten, das musste sie dem bittern Feinde der Scheinphilosophen, Scheinpriester und des ganzen Scheinwesens verhasst und zum Gegenstande eifriger Verfolgung machen. Mit der bezeichneten Neigung Lukians im engsten Zusammenhange steht sein ausgesprochener Hass gegen die Lüge und sein unwiderstehlicher Trieb nach Auffindung und Verbreitung der Wahrheit. Wenn er sich im Piscator c. 19 und 20 Παρρησιάδης Ἀληθίωνος τοῦ Ἐλεγξικλέους und φιλαλήθης nennt und wenn er daselbst c. 20 von sich sagt: Μισαλαζών εἰμι καὶ μισογόης καὶ μισοψευδὴς καὶ μισότυφος καὶ μισῶ πᾶν τὸ τοιουτῶδες εἶδος τῶν μιαρῶν ἀνθρώπων, so zeigt er uns allenthalben in seinen Schriften [12]) und auch in seinem Leben [13]), wie sehr er jene Attribute auch verdient. Tritt die Lüge prätentiös auf oder widerstreitet sie in massloser Uebertreibung aller Wahrscheinlichkeit und Berechenbarkeit, dann bekämpft sie Lukian mit dem ihm angeborenen Spott [14]). Nichts aber ist unwahrscheinlicher und unberechenbarer als das sogenannte Wunderbare und Uebernatürliche, es ist daher nichts seinem Spotte willkommener als dies; und da namentlich die Poeten in der Ueberschwänglichkeit ihrer Phantasie sehr häufig den Weg der nüchternen Wahrheit verlassen, so wendet sich seine Satire allenthalben in seinen Schriften gegen sie. Lukian nennt sie ἐμβρόντητοι ποιηταί [15]), μεγαλότολμοι [16]), er spricht von einem καπνὸς ποιητικός [17]), bezeichnet den Homer als τὸν λῆρον ἐκεῖνον ποιητήν [18]), als einen ἀνὴρ τυφλὸς καὶ γόης [19]), ἐγγράφῳ τῷ ψεύσματι κεχρημένος [20]). Auch Hesiod kommt

---

[12]) Sehr bezeichnend ist die der Vera hist. vorausgehende nachdrückliche Betonung, dass alles was folgt, Lüge sei. C. 2: .. ὅτι ψεύσματα ποικίλα πιθανῶς τε καὶ ἐναλήθως ἐξενηνόχαμεν   c. 4: ... οὕτω δ' ἄν μοι δοκῶ καὶ τὴν παρὰ τῶν ἄλλων κατηγορίαν ἐκφυγεῖν αὐτὸς ὁμολογῶν μηδὲν ἀληθὲς λέγειν. γράφω τοίνυν περὶ ὧν μήτε εἶδον μήτε ἔπαθον μήτε παρ' ἄλλων ἐπυθόμην, ἔτι δὲ μήτε ὅλως ὄντων μήτε τὴν ἀρχὴν γενέσθαι δυναμένων. διὸ δεῖ τοὺς ἐντυγχάνοντας μηδαμῶς πιστεύειν αὐτοῖς.

[13]) Vgl Alex. 57.
[14]) Hermot. 51.
[15]) Tim. 1.
[16]) Hermot. 74.
[17]) Tim. 1.
[18]) Somnium s. Gall. 6.
[19]) Biss acc. 1.
[20]) Philopseudes 2; eine Stelle, die sich auch auf Herodot und Ktesias bezieht. Vgl. noch Dial. mort. 16. 5, die Einleitung in die Vera hist.

nicht am besten fort. Οἴει γάρ, fragt Kronos den Priester [21]), τόν ποιμένα ἐκεῖνον, τόν ἀλαζόνα, ὑγιές τι περὶ ἐμοῦ εἰδέναι; So verspottet Lukian gerade die unglaublichsten aller Mythen, wie die von dem deklamirenden und sogar prophezeienden Rosse des Achilleus [22]), von dem redenden Kiel des Schiffes Argo [23]), von den herumkriechenden Rinderhäuten und dem am Spiesse steckenden brüllenden Ochsenfleisch [24]), die Verwandlungen des Proteus [25]), die Geschichte von dem verbrannten Flusse Xanthos [26]), die merkwürdige Verwandlung des Tiresias [27]), die schwimmende Insel Delos u. s. w. Den von Homer [28]) berichteten Plan der beiden Riesenknaben Othos und Ephialtes, den Ossa auf den Olymp und oben darauf den Pelion zu setzen, führen in Lukians Charon die beiden ἐπισκοποῦντες wirklich aus. Charon will dem Hermes die Möglichkeit eines solchen Beginnens freilich nicht glauben, aber dieser erwidert: ἰδιώτης γὰρ εἶ, ὦ Χάρων, καὶ ἥκιςα ποιητικός. ὁ δὲ γεννάδας Ὅμηρος ἀπὸ δυοῖν ςίχοιν αὐτίκα ἡμῖν ἀμβατὸν ἐποίησε τὸν οὐρανόν, οὕτω ῥᾳδίως συντιθεὶς τὰ ὄρη. Trägt doch Atlas den ganzen Himmel und konnte ihn doch Herakles ablösen. Gehört habe ich davon, entgegnet Charon, ob es aber wahr ist, magst du, Hermes, und die Dichter wissen. Darauf sagt Hermes mit Ironie: ἀληθέςατα, ὦ Χάρων. ἢ τίνος γὰρ ἕνεκα σοφοὶ ἄνδρες ἐψεύδοντο ἄν; und wirklich bauen sie nach Homers Vorschrift, aber das Gebäude ist noch zu niedrig; μετατίθει τὸν Οἴτην, sagt Hermes, ἐπικυλινδείσθω καὶ ὁ Παρνασσός [29]).

---

und Quomodo hist. etc. 8, wo von der historischen Wahrheit im Gegensatz zur ungezügelten dichterischen Freiheit die Rede ist.

[21]) Sat. 6.

[22]) Somn. s. Gall. 2: ὁ τοῦ Ἀχιλλέως ἵππος ὁ Ξάνθος μακρὰ χαίρειν φράσας τῷ χρεμετίζειν ἔςηκεν ἐν μέσῳ τῷ πολέμῳ διαλεγόμενος ἔπη ὅλα ῥαψῳδῶν, οὐχ ὥσπερ ἐγὼ νῦν ἄνευ τῶν μέτρων, ἀλλὰ καὶ ἐμαντεύετο ἐκεῖνος καὶ τὰ μέλλοντα προεθέσπιζε καὶ οὐδέν τι παράδοξον ἐδόκει ποιεῖν u. s. w. vgl. Hom. Il. 404 ff.

[23]) Luc. a. a. O.; vgl. Apoll. Argon. 4. 582.

[24]) Luc. a. a. O.; vgl. Hom. Od. 12. 394.

[25]) Dial. mar. 4: ἰδὼν εἶδον, sagt Menelaos zu Proteus, ἀλλὰ τὸ πρᾶγμα τεράςιον, τὸν αὐτὸν πῦρ καὶ ὕδωρ γίγνεσθαι. Vgl. Hom. Od. 4. 456 ff.

[26]) Dial. mar. 11; vgl. Hom. Il. 21, 361 ff.

[27]) ib 28; vgl. Apollod. biblioth. 3. 6. 7.

[28]) Od. 11. 311 ff.

[29]) Vgl. noch ib. c. 6 f., wo Hermes dem Charon gleichfalls vermittelst einer

Bei seiner Neiguug, das Sonderbare, Lächerliche, Widerspruchsvolle, Uebertriebene zu verspotten, mussten sich ihm auch die Mythen von den Göttern, welche die bezeichneten Züge in einem noch erhöhten Masse an sich tragen, als der willkommenste Stoff zu kurzweiligen Betrachtungen darbieten, wenn er nicht etwa Scheu trug, die Religion als ein von Alters her überkommenes achtungswürdiges Institut in den Bereich seiner Satire zu ziehen. Aber er hatte für sie so wenig Schonung, dass ihm von vielen Seiten vorgeworfen wird, er habe aus blosser Spottsucht in leichtsinnigster und frivolster Weise einen Glauben zerstört oder wesentlich zerstören geholfen, an dessen Stelle er nichts anderes zu setzen hatte. Doch Lukian ist weit entfernt davon, den Tadel der Frivolität und des Leichtsinns zu verdienen. Schien ihm einmal das ganze Religionswesen auf Unwahrheit zu beruhen, so musste er schon ebendeshalb ein Feind desselben sein, und er war auf die Zerstörung desselben bedacht, ohne die Folgen davon zu erwägen oder eine Verantwortung dafür zu übernehmen, mochte auch durch Zerstörung der schönen Illusion eine unbefriedigte Leere in dem Gemüte des Menschen zurückbleiben.

Denn worauf es ihm zuerst ankam, das war die vorurtheilsfreie nüchterne Betrachtung und Auffassung aller Dinge, und den Grundsatz des Epicharm: νῆφε καὶ μέμνησο ἀπιστεῖν hat er auch zu dem seinigen erhoben [30]). Ueber alle reizenden Phantasiegebilde, Luftschlösser und Träume, über allen trügerischen Wahn setzt Lukian die Nüchternheit, ja er hält es für schädlich, sich auch nur für kurze Zeit vom schmeichelnden Wahne berücken zu lassen, da die unwillkürlich eintretende Ernüchterung und Rückkehr zur Wahrheit desto unangenehmer und schmerzlicher sei. Bezeichnend hiefür ist der Dialog Navigium, in welchem Lukians Freunde auf einem Spaziergange vom Piräeus in die Stadt Luftschlösser bauen [31]), indem sich der eine in einen ungeheuern Reichthum, der andere in ein unerhörtes Erobererglück, der dritte in den Besitz mehrerer magischer Ringe hineinträumt. Dem ersten Freunde hält Lukian seine namentlich aus den Todtengesprächen bekannten nüchternen

---

auf einander getürmten Berge alles, was auf der Erde vorgeht, deutlich zu sehen.
[30]) Hermot. 47.
[31]) Navig. 16: καὶ ἅμα εὐφρανούμεθα ὥσπερ ἡδίςῳ ὀνείρατι ἑκουσίῳ περιπεσόντες.

Betrachtungen über den zweifelhaften Wert des Reichtums vor; der zweite hält nach mehrfachen glücklichen Eroberungen, welche sich bereits bis an den Euphrat erstrecken, einen Kriegsrat mit seinen Freunden, die ihm beim Baue seines Luftschlosses behilflich sind, und nachdem ihm diese bereitwillig ihre Meinung mitgetheilt haben, fragt er auch Lukian, wofür er sich entscheide. Nun spielt dieser seinem kriegslustigen Freunde einen argen Streich, indem er gänzlich aus dem Ton fällt und sagt, er halte es im gegenwärtigen Moment für das beste, an einem schattigen Plätzchen, das sich eben darbiete, ein wenig auszuruhen, da der Weg von der Stadt zum Piräeus und die bereits zurückgelegten 30 Stadien des Rückweges die Wandernden ermüdet haben [32]). Ueberdies unterlässt Lukian nicht, von den vielen Uebeln und der Eitelkeit der Herrschaft zu sprechen. Der dritte kommt am schlechtesten weg. Lukian wundert sich zunächst darüber, warum sein närrischer Freund sich nicht lieber einen Ring gewünscht habe, der mit mehreren magischen Kräften ausgestattet wäre. Und dennoch fährt er fort [33]), fehlt dir noch ein Ring und gerade der wichtigste, der dir deine Narrheit benehmen und dir dein Gehirn gründlich ausreinigen könnte, wenn nicht vielleicht schon eine Dosis Nieswurz denselben Zweck erreicht. Als zum Schluss auch Lukian seinerseits wünschen soll, freut er sich darüber, dass die Freunde die für ihre Wünsche bestimmt gewesene Zeit überschritten hatten, und ihm, da sie bereits am Dipylon angelangt waren, keine Zeit mehr dafür übrig blieb. Ἄλλως τε οὐκ ἂν δεξαίμην, sagt er [34]), πλουτήσας ἐπ' ὀλίγον ὑπηνέμιόν τινα πλοῦτον ἀνιᾶσθαι μετ' ὀλίγον φιλήν τὴν μᾶζαν ἐσθίων οἷα ὑμεῖς πείσεσθε μετ' ὀλίγον, ἐπειδὰν ἡ εὐδαιμονία ὑμῖν καὶ ὁ πολὺς πλοῦτος οἴχηται ἀποπτάμενος, αὐτοὶ δὲ καταβάντες ἀπὸ τῶν θησαυρῶν τε καὶ διαδημάτων ὥσπερ ἐξ ἡδίσου ὀνείρατος ἀνεγρόμενοι ἀνόμοια τὰ ἐπὶ τῆς οἰκίας εὑρίσκητε etc.

Nachdem Lukian seinem 60jährigen Freunde, dem Philosophenschüler Hermotimos, in einer langen Unterredung bewiesen hat, dass die Ideale, denen dieser zustrebe, unerreichbar sind, ruft Hermotimos schmerzlich aus [35]): Was hast du mir angethan! in Kohlen hast du

---

[32]) c. 35, vgl. auch c. 39.
[33]) c. 45.
[34]) c. 46.
[35]) Hermot. 71.

mir den Schatz verwandelt, und so viele Jahre und so grosse Mühe habe ich umsonst verschwendet! Lukian aber erwidert ihm unter andern [36]), Hermotimos möge deshalb seinen Unmut nicht an ihm auslassen, wenn er es nicht leiden mochte, dass sein Freund sein ganzes Leben in einem zwar angenehmen Traume, aber doch in einem Traume zubringe.

Und in dem sehr launigen und geistreichen Somnium s. Gallus ärgert sich der Hahn darüber, dass sich Mikyllos seinen schönen Traum (ἰνδάλματα μάταια) nicht aus dem Sinne schlagen könne, κενὴν καὶ ὡς ὁ ποιητικὸς λόγος ἀμενηνήν τινα εὐδαιμονίαν τῇ μνήμῃ μεταδιώκων.[37]).

Diese angeführten Eigentümlichkeiten: das Streben, alles eitle Scheinwesen als solches darzustellen, die ausgesprochenste Liebe zur Wahrheit, der erbittertste Hass der Lüge und des Trugs und zudem eine angeborene Spottlust — alles das musste Lukian bewegen, gegen die alterschwachen Götter der Mythe mit scharfem Spotte loszuziehen. Was war es aber, was Lukian in dem Glauben seines Volkes am meisten unwahr und erlogen fand und am allerentschiedensten des Spottes für würdig hielt? Es war nichts anderes als die grosse Unwahrheit des Anthropomorphismus, die Lüge von den Göttern, deren Machtsphäre durch den engen Rahmen der Menschlichkeit beschränkt ist, der enorme Gegensatz zwischen der erhabenen Gottesidee und den von den Dichtern verkörperten Trägern derselben. Diese Auffassung und Vorstellung von den Göttern zu verspotten, schien einem Manne wie Lukian um so eher geboten, da er die Entartung des damaligen Religionswesens als eine notwendige Folge der Vermenschlichung und Herabwürdigung der Götter betrachtete. Ein solches Religionsgebäude schien ihm also nicht bloss deshalb seine Existenzberechtigung verloren zu haben, weil die Voraussetzungen desselben sich als widerspruchsvoll, haltlos und unwahr erwiesen hatten, sondern auch deshalb, weil es sich in seinen Folgen als gemeinschädlich erwies. Denn mit dem vollsten Rechte betrachtete Lukian die Trübung der ursprünglich reineren Religion durch immer neue ausländische Culte [38]), das Umsichgreifen der lächerlichsten und gräuelich-

---

[36]) ib. 72.
[37]) c. 5.
[38]) Von den Athenern sagt Strabo X. p. 722, dass sie ihre Gastfreundlichkeit auch den fremden Göttern gegenüber beobachteten.

sten Superstitionen [39]) und die immer steigende Vorliebe für das Mystische als die Sehnsucht des durch den alten Glauben unbefriedigten Gemütes nach neuen haltbareren Glaubensformen. Aber es **kann nicht genug betont** werden, **und es soll auch aus dem folgenden hervorgehen, dass man Lukian absolute Gottlosigkeit** nicht zum Vorwurf machen kann. **Nur die vermenschlichten mythischen Götter** will er unmöglich machen, nur die Einflussnahme **dieser** auf **die Weltordnung** läugnen. Nur **darum** ist es ihm **in allen** antireligiösen Schriften zu thun, und deshalb zeigen diese ihrem Grundgedanken nach keine Verschiedenheit: nur in der **Art** der Bekämpfung **der Götter zeigt** sich eine gewisse Steigerung.

Mit den **Göttergesprächen** fängt Lukian sein Destructionswerk an. Ohne von den in der Mythe gegebenen Charakteren abzuweichen [40]), malt er uns eine Reihe von Scenen hin, in denen die

---

[39]) Von dem Aberglauben seiner Zeit gibt Lukian im Philopseudes ein Bild. Es unterhalten sich in dieser Schrift mehrere angesehene Männer über selbsterlebte oder wolbeglaubigte übernatürliche Begebenheiten. Der Glaube an solche gehört allerdings (wenn auch wol in geringerer Ausdehnung) auch schon früheren Perioden an, aber im Philops. wird wiederholt der Nachdruck darauf gelegt, dass die, die solches glauben, beschwören und mit eigenen Augen gesehen haben, hervorragende, dem Gelehrtenstande angehörende Persönlichkeiten sind, welche im Genusse der allgemeinen Achtung stehen (C. 5, 17, 23, 29. 32). Einer aus der Gesellschaft z. B. hat einen Fremdling aus dem Hyperboreerlande fliegen, auf dem Wasser einherwandeln und ganz langsam durch's Feuer gehen sehen. Derselbe Wundermann verrichtete übrigens noch kleinere Kunststücke (σμικρὰ ταῦτα c. 13) indem er einen Leichnam wiederbelebte, den Mond auf die Erde herabzog u. dgl. — Ein anderer spricht von dem Austreiben der bösen Geister durch Beschwörungen. Eine Statue kurirt das Fieber nicht bloss, sondern kann auch ein solches bescheren; dieselbe Statue wandelt nachts im Hause herum, singt auch hie und da und erfrischt sich durch ein Bad. Ein Knecht, der die ihr dargebrachten Geldstücke geplündert hat, leidet furchtbare Strafe. — Ausserdem wird noch von „umgehenden" Todten erzält und die berühmt gewordene Geschichte vom wasserholenden Besen. Charakteristisch für den Aberglauben der Zeit ist auch das Alex. 48 von Marc. Aurelius Erzälte. Plin. ep. 7. 27. erzält seinem gelehrten Freunde Sera eine Reihe haarsträubender Gespenstergeschichten, an die er aufrichtig glaubt. Vgl. Schlosser Universalhist. Uebers. d. Gesch. d. alten Welt. 3. 2. 198 f, 219, 248 ff.

[40]) Wieland Luc. II. 7: Er thut seinen Göttern nie Unrecht; er sagt ihnen nichts nach, was er nicht mit guten Zeugnissen aus ihren Geschichts-

Götter sich selbst lächerlich machen. Der scenische Hintergrund ist der Olymp, als handelnde Personen treten Götter, und nur Götter auf. Wenn nun einer von ihnen durch ein Wort oder durch einen Charakterzug, den ihm Lukian als von der Mythe entweder direkt entlehnt oder als notwendige Consequenz davon abgeleitet beilegt, der Lächerlichkeit verfällt, so sind es **scheinbar** nur die Götter selbst, die sich lächerlich machen. Es soll hiemit gleich an dieser Stelle entschieden in Abrede gestellt werden, dass Lukian die Göttergespräche nur zur Erheiterung seines Volkes und seiner Zeit als blosse Charaktergemälde nach gegebenen Personen geschrieben habe und dass sie in der Tendenz von den beiden Schriften Juppiter Tragoedus und Juppiter confutatus durchaus verschieden seien [41]). Vielmehr ist schon in den Göttergesprächen beinahe alles dasjenige ausgesprochen, was späterhin nur in anderer Form vorgebracht wird. Der Grundgedanke: Diese Götter haben menschliche Leidenschaften und Schwächen, sind ohne Macht und ohne Seligkeit, tritt hier wie in den genannten ausführlicheren Dialogen mit Entschiedenheit als solcher hervor: nur mit dem Unterschiede, dass hier die sich aus jenem Grundgedanken notwendig ergebende Schlussfolgerung: Sie sind demnach keine Götter, beeinflussen die Weltordnung nicht und verdienen keine Verehrung, dem Leser überlassen bleibt, während sie dort ausdrücklich betont wird. Dass aber in den Göttergesprächen die Consequenz nicht gezogen ist, mag wol in der Scheu begründet sein, die Lukian anfangs vor einem offenen Kampfe mit dem Volksglauben hegen musste. Deshalb ist seine Person hier gar nicht sichtbar, und er erscheint, indem er die Götter selbst sich gegenseitig die Wahrheit sagen lässt, nach den Begriffen des Altertums deshalb noch nicht als ein ἀσεβής, weil er, wie es allenfalls scheinen könnte, nur die Personen der Götter, nicht den Glauben an dieselben verspottet [42]).

Einen weiteren Schritt in der Destructionsarbeit bezeichnen die Dialoge Deorum concilium und Juppiter Tragoedus.

---

schreibern oder aus den von ihnen selbst begeisterten Sängern, einem Homer, Hesiod, Aeschylus und anderen hätte belegen können.
[41]) s. K. Fr. Hermann. Zur Charakteristik Lucians und seiner Schr. in dessen Gesamm. Schr. 212 f.
[42]) vgl. K. Fr. Hermann Lehrbuch d. gottesdienstl. Altert. §. 10 Note 7 ff. §. 18 Note 19.

Die Scene ist wieder der Olymp; die Götter sind versammelt. Es handelt sich in beiden Dialogen um Beseitigung gewisser die Götterwelt bedrohender Uebelstände. Und wer ist es, der in diesen Versammlungen das grosse Wort führt? Es ist nicht einer von den bekannten Olympiern, denen reichliche Verehrung und Opfer von den Sterblichen zu Theil geworden sind, sondern es ist Momos, der Sohn der Nacht, eine ganz obskure Gottheit. Er tritt (namentlich im Jup. Trag.) mit einer gewissen Scheu auf, wagt Anfangs nicht zu sprechen und erbittet sich die specielle Erlaubnis hiezu.[43]) Wenn also dieser Momos einem seiner heftigsten Vorwürfe gegen die Götter das Wort vorausschickt[44]): μόνοι γάρ ἐσμεν καὶ οὐδεὶς ἄνθρωπος πάρεςι τῷ ξυλλόγῳ, so ist das zwar richtig, aber er selbst, der das sagt, ist ja im Grunde genommen gar kein Gott, er sagt ja von sich[45]): οὐδὲ γὰρ πάλαι τῶν τιμωμένων ἦν, ὑμῶν ἔτι τε εὐτυχούντων καὶ τὰς θυσίας μόνον ἑςιωμένων, so dass die scharfe Kritik der Zustände im Olymp schon von aussen her kommt. Und das ist ein Fortschritt, den die beiden Dialoge zeigen. Nachdem die Olympier sich selbst in ihrer Schwäche und Nichtigkeit gezeigt, hält ihnen ebendasselbe ein ihrem Kreise nicht mehr streng Angehöriger vor und belehrt sie über die daraus entstehenden Folgen. Wenn wir aber im Jup. Trag. schon einen Menschen die kühnsten Aeusserungen über die Götter und die Weltordnung thun hören, so ist das zwar ein noch weiterer Fortschritt, aber man merkt hier deutlich Lukians Absicht, seine Person noch möglichst zurücktreten zu lassen; denn den ganzen Streit der beiden Philosophen Timokles und Damis vernehmen wir gleichsam indirekt, indem wir der Unterredung nur gemeinsam mit den dieselbe belauschenden Göttern folgen. Auch ist die Sache der Götter hier in die Hände eines so unfähigen Anwalts gelegt, dass es für den Leser den Anschein haben kann, dass Damis mit einem etwas wortgewandteren geistreicheren Gegner nicht so leicht fertig geworden wäre.

Am weitesten ist Lukian im Juppiter confutatus gegangen. Nicht als ob hier viel neues gegen die Götter vorgebracht wäre, was

---

[43]) Deor. conc. 1: εἴ μοι ἐπιτρέψειας εἰπεῖν; ib. 2: ἀξιῶ δέ, ὦ Ζεῦ, μετὰ παρρησίας μοι δοῦναι εἰπεῖν; Jup. Trag. 19: ἐγὼ δέ, εἴ γέ μοι μετὰ παρρησίας δοθείη λέγειν, πολλὰ ἄν, ὦ Ζεῦ, εἰπεῖν ἔχοιμι. Vgl. noch Deor. conc. 6.
[44]) Jup. trag. 21.
[45]) ib. 22.

nicht schon in den Göttergesprächen und in den beiden eben besprochenen Dialogen dargethan ist; aber dieser Dialog unterscheidet sich von den andern Schriften vor allem dadurch, dass ein **Mensch** es ist, der dem Zeus direkt entgegentritt und ihn zwingt, Aeusserungen zu thun, aus denen sich die völlige Zerstörung des Glaubensgebäudes ergeben muss. Sehr zu beachten ist auch, dass wir hier keinerlei scenischen Hintergrund haben, so dass es vollkommen ungewiss bleibt, wo wir uns die Unterredung zwischen Kyniskos und Zeus zu denken haben. Es scheint fast, als ob Zeus, der den Kyniskos wegen seiner Verwegenheit nicht zu bestrafen im Stande ist, sich nicht zu helfen weiss und überhaupt in dem ganzen Dialog die kläglichste Rolle spielt, gar nicht mehr seinen alten Ehrenplatz im Olymp einnehme. Momos hat ihn vielleicht nicht ohne Erfolg ξενίας verklagt [46]).

Aus der nun folgenden Uebersicht über die Göttergespräche und der Inhaltsangabe der andern antireligiösen Schriften Lukians soll einerseits die behauptete Inhaltsverwandtschaft aller dieser Schriften unter einander erhellen, andererseits soll sich ergeben, dass sich Lukian mit der Vernichtung der mythischen Götter zufrieden gibt.

Wir sehen in den **Göttergesprächen,** dass es dem Lukian durchaus nicht darum zu thun ist, die Götter in ihrer alten Glorie zu zeigen und die rühmlichen und **wahrhaft** göttlichen Thaten aus den alten Dichtern, die er so wol kannte, hervorzuheben; er sucht vielmehr von allen Seiten jene Züge, und unter diesen die charakteristischesten, hervor, welche uns die vermenschlichten Götter mit ihren Leidenschaften und Schwächen am besten zu zeigen vermögen.

Obenan steht jene mächtigste aller Leidenschaften, jenes von den Dichtern aller Zeiten und **Völker** so viel besungene Gefühl, d i e L i e b e. Die Götter vermögen dieser menschlichen Schwäche nicht Herr zu werden, sie schmachten und dulden Liebesgram, und Eros, den sie dafür verantwortlich machen wollen, weiss sich immer geschickt aus der Schlinge zu ziehen [47]). Es liebt und schmachtet der jugendliche Apoll, das traurige Ende des Hyakinthos macht ihn, der ja schon mit der Daphne so unglücklich gewesen war, betrübt, und seufzend klagt er dem Hermes: [48]) δυςυχῶ ἐν τοῖς ἐρωτικοῖς . . . . . δυςύχημά τι ἀκούσιον ἐγένετο . . . . . ἀρά σοι ἀλόγως λελυπῆσθαι δοκῶ;

---

[46]) Vgl. deor. conc. 6.
[47]) Dial. deor. 3 u. ib. 12.
[48]) ib. 14.

Es liebt auch Hermes,[49]) Ares,[50]) Poseidon[51]); auch seiner Mutter erfüllt Eros das Herz;[52]) sie liebt vornehmlich den Ares,[53]) aber auch zu Sterblichen lässt sie sich herab, `zu dem Ἀσσύριον ἐκεῖνο μειράκιον auf den Libanon und zu Anchises auf den Ida[54]), wie Selene zu Endymion.[55]) Sogar die alte graue Mutter so vieler Götter, Rhea, wird vor Liebe zu dem phrygischen Knaben Attis wahnsinnig. Heulend um ihn (ὀλολύζουσα ἐπὶ τῷ Ἄττῃ) zieht sie rasend mit dem wildlärmenden Zuge der Korybanten durch die Höhen und Thäler des Idagebirges[56]). Wer aber unter den Göttern am meisten liebt, ist niemand anderer als Zeus, der seine Hera, τὴν νόμῳ γαμετήν, verlässt, um in allerlei Gestalten, als Stier oder Satyr, als Goldregen oder Schwan sich den Töchtern der Sterblichen oder auch als Adler dem Ganymedes zu nahen. Den Liebesschmerzen und Metamorphosen des Zeus begegnen wir bei Lukian unzähligemal. Wie konnten auch die Schwächen der Götter wirksamer dargestellt werden als an ihm, dem δεσπότης ἁπάντων θεῶν[57]), dem Repräsentanten des ganzen Olymp? Deshalb ist auch Zeus für das ausführlichste und mit der grössten Vorliebe durchgeführte Liebesgemälde zum Gegenstande genommen. Je zärtlicher der verliebte Zeus sich im 4. und 5. Göttergespräch gegen den Ganymedes zeigt, desto mehr verliert der grosse Olympier von seiner Gottheit[58]). Und wie schöne Züge hat ihm Lukian angedichtet! Er nimmt den Becher nie aus der Hand des neuen Mundschenks, ohne diesen vorher zu küssen, und weil ihm der

---

[49]) ib. 15.2 u. 22.
[50]) ib. 17 u. 12.2, 15.3.
[51]) S. die inhaltlich verwandten dial. mar. 6. u. 13.
[52]) Dial. deor. 12.1: ἃ μὲν γὰρ ἐς ἐμὲ τὴν μητέρα ὑβρίζεις, θαρρῶν ποιεῖς.
[53]) ib. 15. 3.
[54]) ib 11 u. 20.5.
[55]) ib. 11.
[56]) ib. 12.
[57]) ib. 5.2.
[58]) Dieser Gedanke ist im 2. Göttergespr. deutlich ausgesprochen, wo Zeus den Eros schilt, weil er nie in seiner eigenen Gestalt, sondern nur in erborgten Formen den Weibern gefallen könne. Darauf erwidert ihm Eros: εἰ δ'ἐθέλῃς ἐπέραστος εἶναι, μὴ ἐπίσειε τὴν αἰγίδα μηδὲ τὸν κεραυνὸν φέρε, ἀλλ' ὡς ἥδιστον ποίει σεαυτὸν ἑκατέρωθεν καθειμένος βοστρύχους, τῇ μίτρᾳ τούτους ἀνειλημμένος, πορφυρίδα ἔχε, ὑποδέου χρυσίδας, ὑπ' αὐλῷ καὶ τυμπάνοις εὔρυθμα βαῖνε, καὶ ὄψει ὅτι πλείους ἀκολουθήσουσί σοι τῶν Διονύσου Μαινάδων.

Kuss lieber ist als Nektar, so verlangt er oft zu trinken, auch wenn er keinen Durst hat; bisweilen setzt er den Becher bloss an den Mund, reicht ihn dann dem Ganymedes, und wenn dieser getrunken, dann leert er den Becher, aber seine Lippen berühren dabei die Stelle, die auch Ganymedes Lippen berührt haben, denn er will „küssen und trinken zugleich"[59]). Hermes, sein Postillon d'amour, hat alle Hände voll zu thun und kommt vor lauter Erkundigungen nach dem Befinden der verschiedenen Auserkorenen des Zeus gar nicht zu Athem[60]).

Im Gefolge der Liebe ist die **Eifersucht**; auch von dieser Leidenschaft sind die Götter nicht frei, und bekannt genug ist die klassische Eifersucht der Hera. Lukian zeigt uns eine häusliche Scene zwischen den beiden obersten Uranionen. Die Zärtlichkeit des Zeus gegen den Ganymedes ist es diesmal, welche **Hera** mit jener Leidenschaft erfüllt. Es fehlt nicht an kräftigen Worten; drastisch ist namentlich die Stelle:[61]) πρώην δὲ ὁ βασιλεὺς καὶ ἁπάντων πατὴρ ἀποθέμενος τὴν αἰγίδα καὶ τὸν κεραυνὸν ἐκάθητο ἀστραγαλίζων μετ' αὐτοῦ ὁ πώγωνα τηλικοῦτον καθειμένος. Zeus bleibt ihr die Antwort nicht schuldig. — Auch des Hephaistos Eifersucht hat Lukian in seiner Weise verwertet[62]).

Wie **neidisch** die Götter auf einander sind, sehen wir in den Göttergespr. gleichfalls. Die beiden Junggesellen **Hermes** und Apollon beneiden[63]) den hässlichen Hephaistos, χωλὸν αὐτὸν ὄντα καὶ χαλκέα τὴν τέχνην, um seine beiden schönen Frauen Aphrodite und Charis. Aber es tröstet sie — und wie echt menschlich ist eine solche Erwägung! — der Gedanke, dass es Aphrodite ja mit Ares halte und sich um den Schmied nicht kümmere, und dass sich dieser, wiewol er von der Sache wisse, nicht helfen könne; τί ἂν δράσαι δύναιτο γενναῖον ὁρῶν νεανίαν καὶ στρατιώτην αὐτόν; Eine Reihe von **ähnlichen menschlichen Zügen kleinlicher Art** zeigt uns das

---

[59]) Vgl. noch die letzten Worte des 5. Göttergespr.
[60]) ib. 24.2: καὶ νῦν ἄρτι ἥκοντά με ἀπὸ Σιδῶνος παρὰ τῆς Κάδμου θυγατρός, ἐφ' ἣν πέπομφέ με ὀψόμενον ὅ τι πράττει ἡ παῖς, μηδὲ ἀναπνεύσαντα πέπομφεν αὖθις ἐς τὸ Ἄργος ἐπισκεψόμενον τὴν Δανάην, εἶτ' ἐκεῖθεν ἐς Βοιωτίαν, φησίν, ἐλθὼν ἐν παρόδῳ τὴν Ἀντιόπην ἰδέ. Vgl. noch Prom. 17.
[61]) ib. 5.2.
[62]) ib. 17.
[63]) ib. 15.

anmutige 20. Göttergespräch. Wir sehen da, wie Hera, Athene und Aphrodite sich gegenseitig um die körperlichen Vorzüge beneiden. Diese drei Göttinnen wandern, von Hermes geleitet, zu dem Schäfer Paris, der das Urteil darüber fällen soll. Zeus hatte es abgelehnt, Schiedsrichter zu sein, um es mit keiner zu verderben.[64]) Alle sind siegesbewusst, am meisten aber Aphrodite. Wenn auf dem Wege eine von den dreien mit Hermes eine Separatconversation beginnt, so vermuten die andern Verrat und äussern ihr Mistrauen; παραπρεσβεύεις, sagt Athene zu dem leise mit Aphrodite redenden Hermes, ἰδίᾳ ταύτῃ κοινολογούμενος.[65]) Auf dem Berge Ida angekommen, unterlässt Hera nicht, ihrer Nebenbuhlerin die Anchisesgeschichte aufzuwärmen, um sie necken. Aphrodite sucht ihrerseits die Reize der Hera herabzusetzen; Athene wiederum mag nicht leiden, dass Aphrodite vor dem Schiedsrichter mit ihrem bezaubernden (φαρμακὶς γάρ ἐστι) Gürtel erscheine[66]), hingegen muss jene den furchtbaren Helmbusch ablegen, welcher Paris einschüchtern könnte, und die hässlichen Eulenaugen zeigen[67]). Allein mit Paris, sucht nun jede von den Göttinnen den Richter durch ihre Gaben zu bestechen; Hera bietet Macht, Athene Siegesruhm, Aphrodite aber das schönste Weib.

Wie die Olympier unter einander zanken und streiten, sehen wir ausser in diesem und dem bereits herangezogenen 5. Götterg. wol am besten aus der drastischen Scene zwischen Hera und Leto im 16. Göttergespräch. Jene schmäht aus Neid die schönen Kinder der Leto. Artemis ist ihr eine Schwärmerin und Menschenfresserin; auch schön ist sie nicht, sonst hätte sie keinen Grund gehabt, den Aktäon von ihren Hunden zerreissen zu lassen; ἐῶ γὰρ λέγειν, fügt sie hinzu, ὅτι οὐδὲ τὰς τεκούσας ἐμιμεῖτο παρθένος γε αὐτὴ οὖσα. Apollon ist ihr ein Betrüger. In seinen Orakelwerkstätten gibt er unverständliche und zweideutige Orakel, von denen sich jedoch ein gescheidter Mann nicht täuschen lässt; auch ein Künstler ist er nicht und eigentlich hätte er, nicht Marsyas geschunden werden sollen,

---

[64]) ἄλλως τε καὶ ἀνάγκη, μιᾷ τὸ καλλιστεῖον ἀποδόντα πάντως ἀπεχθάνεσθαι ταῖς πλείοσι. διὰ ταῦτα μὲν αὐτὸς οὐκ ἐπιτήδειος ὑμῖν δικαστής.

[65]) C. 4; s. auch das folgende.

[66]) μή σε καταγοητεύσῃ δι' αὐτοῦ καίτοι γε ἐχρῆν μηδὲ οὕτω κεκαλλωπισμένην παρεῖναι μηδὲ τοσαῦτα ἐντετριμμένην χρώματα καθάπερ ὡς ἀληθῶς ἑταίραν τινά.

[67]) ἢ δέδιας μή σοι ἐλέγχηται τὸ γλαυκὸν τῶν ὀμμάτων etc.

wenn die Musen gerecht geurteilt hätten. Leto ihrerseits meint, es können nicht alle so schöne Kinder haben wie Hephaistos und erinnert überdies an des Göttervaters famose Verwandlungen. Im 13. Götterg. sehen wir Asklepios und Herakles sich gegenseitig mit Schimpfwörtern aller Art bewerfen, und ihr Streit, der um den Vorsitz beim Male geführt wird, droht die weitesten Dimensionen anzunehmen, indem der riesige Sohn der Alkmene seinen Gegner schon fassen und kopfüber vom Himmel herabwerfen will, so dass kein Päan im Stande sein soll, ihm den zerschmetterten Schädel zu kuriren — aber Zeus legt sich noch zur rechten Zeit ins Mittel.

In dem mit den Götterg. verwandten Dialog Prometheus demonstrirt dieser unglückliche Titane, der eben an den Felsen geschmiedet werden soll, wie kleinlich, undankbar und ungerecht Zeus gegen ihn handle. Zunächst bespricht er den „Scherz" mit dem in Fett gehüllten Knochen und knüpft daran die Bemerkung: καίτοι, νὴ τὸν Οὐρανόν, καὶ νῦν λέγων αὐτὰ αἰσχύνομαι ὑπὲρ τοῦ Διός, εἰ οὕτω μικρολόγος καὶ μεμφίμοιρός ἐστιν, ὡς διότι μικρὸν ὀστοῦν ἐν τῇ μερίδι εὗρε, καταπέμψαι ἀνασκολοπισθησόμενον παλαιὸν οὕτω θεόν, μήτε τῆς συμμαχίας μνημονεύσαντα μήτε αὐτὸ τῆς ὀργῆς τὸ κεφάλαιον ἡλίκον ἐστὶν ἐννοήσαντα καὶ ὡς μειρακίου τὸ τοιοῦτον ὀργίζεσθαι καὶ ἀγανακτεῖν, εἰ μὴ τὸ μεῖζον αὐτὸς λήψεται [68]).

Wie eitel die Olympierinnen sind, hat sich schon bei der Besprechung des 20. Götterg. gezeigt. Aber auch ein Gott hat diese Eigenschaft. Hermes wenigstens schämt sich, den hässlichen, hörnertragenden, krummnasigen, zottelbärtigen und bocksfüssigen Pan als seinen Sohn anzuerkennen [69]). Erst als ihm dieser Beweise anführt, umarmt er ihn mit schweren Herzen, bittet ihn jedoch, das Geheimnis hübsch bei sich zu behalten [70]).

Den unverantwortlichen Leichtsinn des Helios, der seinem Sohne, μειρακίῳ ἀνοήτῳ, den Sonnenwagen überlassen hatte, rügt Zeus in der schärfsten Weise [71]).

---

[68]) Prom. 7.
[69]) Dial. Deor. 22.
[70]) Vgl. noch in Bezug auf die hässlichen Göttersöhne Dial. mar. 1.1, wo hervorgehoben wird, dass der struppige, ungeschlachte, einäugige Polyphem des Poseidon Sohn ist. Von dem hässlichen Hephaistos ist in den Götterg. an mehreren Stellen die Rede. S. v. a 5.4.
[71]) Dial. deor. 25.

Auch **Angst und Furcht** kennen die Götter. Zeus wird durch eine Weissagung des Prometheus von einem Gange zur Thetis abgeschreckt und befreit den Titanen aus Dank dafür, dass er ihm die Zukunft enthüllt, von seiner furchtbaren Strafe [72]). Im Gegensatze zu dieser Furcht steht die von Lukian gar oft benützte und im 21. Götterg. ausführlicher besprochene **pralerische Drohung** des Zeus [73]), er werde eine Kette herablassen und die **Erde und das Meer** sammt allen Göttern daran hinaufziehen. Ares findet die Drohung sehr lächerlich, da er sich daran erinnert, wie es dem Zeus einmal angst und bange wurde, als Poseidon, Hera und Athene sich gegen ihn verschworen hatten, ihn zu **fesseln,** und sicher, fügt Ares hinzu, wäre er auch sammt Blitz und **Donner** gebunden **worden,** wenn **nicht** der hundertarmige Briareus ihm geholfen **hätte.** Dies ist auch ein Beispiel für die **Ohnmacht** der mythischen Götter.

Am meisten herabgewürdigt erscheint der Göttervater und mit ihm natürlich **der** ganze Olymp **im** 8. und 9. Dialog, wo von **der Geburt der Athene und des Dionysos** die Rede ist. Die **Mythe gibt** das Factum, Lukian zeigt uns die Details. Hephaistos muss **wohl** oder übel **dem** ehrwürdigen Götteroberhaupt den Kopf mit einem scharfen Beil auseinanderspalten; ἀπόλλυμαι γὰρ ὑπὸ ὠδίνων, sagt Zeus zu ihm. Wie **sehr es** unserem Satiriker **darum zu** thun ist, **das Menschliche** an der Sache hervorzuheben, zeigen auch Ausdrücke wie κυεῖν, μαιοῦσθαι, μαίωτρα, μαλακῶς ἔχει αὐτός und μαλακῶς ὑπὸ τῶν ὠδίνων ἔχει, ... αἰσχύνομαι εἰπεῖν ...... τέτοκεν ἀρτίως, ...ἀλλὰ οὐδὲ ἐπεσήμανεν ἡ γαστὴρ ὄγκον τινά und die Schlussworte der Antichambre-Scene: ἄπειμι δ᾽οὖν ὕδωρ αὐτῷ πρὸς τὸ τραῦμα οἴσων καὶ τὰ ἄλλα ποιήσων ἃ νομίζεται ὥσπερ λεχοῖ.

Dass selbst der Orakler κατ᾽ ἐξοχήν (und mithin auch jeder andere Gott) **die Zukunft nicht vorher zu bestimmen vermag,** sagt **uns** Hera deutlich in der oben schon besprochenen Stelle (S. 17).

Sehr wichtig für die Würdigung der Tendenz der Göttergespräche ist noch **der** deutliche Hinweis darauf, **dass** die Götter **der Seligkeit entbehren.** Bittre **Klage** führt **Hermes** vor seiner Mutter [74]), wie unglücklich er sich fühle. Er **habe** so unzälige Dinge

---

[72]) ib. 1, vgl noch ib. 21.2.
[73]) Hom. Il. 8. 19 ff.
[74]) Dial deor. 24.

zu besorgen, dass er nicht Zeit finde, sich von der Mühe zu erholen. Verkaufen möchte er sich lieber lassen, wie ein Knecht der einen schlechten Posten getroffen hat [75]).

Nicht minder bedeutsam ist das Durchschimmern des Gedankens, dass es dem obersten Olympier mehr um die Befriedigung seiner wenig göttlichen Neigungen als um die Aufrechthaltung der Weltordnung zu thun ist. Zu Kronos Zeiten, sagt Helios [76]), (dem aufgetragen wird, drei Tage lang den Sonnenwagen zu Hause zu lassen) ist so etwas nicht vorgekommen; Tag war Tag, und die Länge der Nacht der Jahreszeit entsprechend. Unregelmässigkeiten und aussergewöhnliche Dinge kamen nicht vor. Jetzt aber soll wegen eines unseligen Weibes alles drunter und drüber gehen, die Pferde sollen durch die Unthätigkeit steif, der Weg, da er drei Tage nicht befahren wird, schlechter werden, und die armen Menschen müssen im Dunkeln sitzen und warten, ἔς' ἄν u. s. w.

Solcherlei ist es, was Lukian in seinen Göttergesprächen bespricht. Wenn die behandelten Gegenstände nicht schon an sich Zeugnis für die antireligiöse Tendenz geben, so müsste doch die Art der Behandlung und die Fülle des Materials darauf hinweisen. Am deutlichsten aber wird für jene Tendenz das folgende sprechen, wo wir allem, was in den Göttergesprächen behandelt war, wieder begegnen werden, nicht etwa als unwesentlicher Zutbat, sondern als wichtigstem und wesentlichstem Bestandtheile dreier ganz unzweideutig religionsfeindlicher Schriften.

Wir betrachten von diesen zuerst das Deorum concilium. — Zeus hat eine Versammlung wegen der Beisassen und Fremden (περὶ τῶν μετοίκων καὶ ξένων) einberufen, denn manche von den ordentlichen Göttern sind darüber aufgebracht, dass eine grosse Zal Fremder und Unwürdiger an der Göttertafel theilnehme. Momos ergreift das Wort und beklagt sich, dass einige Götter, die eigentlich zur Hälfte Sterbliche sind, sich nicht damit begnügen, selbst unsterblich geworden zu sein, sondern auch einen begleitenden Tross mitbringen. Da sei vor allem der stets trunkene weibische Dionysos, zur Hälfte ein Mensch, von mütterlicher Seite sogar ein Barbar, der ausser

---

[75]) Vgl. noch den unglücklichen Apollon ib. 14.1.
[76]) ib. 10.

seiner wenig respektabeln Person noch seine hässliche Gesellschaft mitgebracht hat, meist gemeines **Bauern-** und **Hirtenvolk**, σκιρτητικοὺς ἀνθρώπους καὶ τὰς μορφὰς ἀλλοκότους, den **hörnertragenden**, seiner untern Hälfte einem Ziegenbock gleichenden **Pan**, den kahlköpfigen, stülpnasigen **Silen** und die sonderbar gestalteten **Satyrn**. Solche Götter, fährt Momos fort, hat uns der Treffliche verschafft. Ist es dann ein Wunder, dass die Menschen, wenn sie so lächerliche und abenteuerliche Götter sehen, keinen Respekt mehr vor uns haben? Für die beiden Heroen, **Asklepios** und **Herakles** bittet Zeus um Pardon, gestattet aber dem darum bittenden **Momos**, sogar gegen seine geheiligte Person eine Bemerkung zu machen. Da muss er nun von dem freimütigen Momos hören, dass er selbst schuld an diesen Uebelständen sei: τὴν γάρ τοι ἀρχὴν τῶν τοιούτων παρανομημάτων σύ, ὦ Ζεῦ, παρέσχες θνηταῖς ἐπιμιγνύμενος καὶ κατιὼν παρ' αὐτὰς ἐν ἄλλοτε ἄλλῳ σχήματι . . . . . . πλὴν ἀλλὰ ἐμπέπληκάς γε τὸν οὐρανὸν τῶν ἡμιθέων τούτων. — Ferner hält sich Momos über die vielen fremden Gestalten auf, die sich in den Olymp hineingedrängt haben, ein **Attis, Korybas, Sabazios**. Und doch, fährt Momos fort, ist dies alles noch erträglich; du aber, linnenumwickelter **Aegyptier** mit dem Hundegesicht, wer bist du, Trefflichster, und wie kommst du **Bellender** dazu, ein **Gott** zu sein? und dieser bunte **Stier** aus **Memphis**, warum lässt der sich anbeten und weissagt und hält sich **Propheten**? Ich schäme mich von den **Ibissen**, **Affen** und **Böcken** und anderen noch viel abenteuerlicheren Gestalten, die sich unbegreiflicher Weise von **Aegypten** aus in den Himmel hineingedrängt haben, zu reden. Und ihr könnt geduldig zusehen, Götter, wie diese in ebenso grossem oder in noch grösserem Ansehen stehen als ihr? — Drittens beklagt sich Momos über den **Orakelunfug** des **Trophonios** und **Amphilochos**. Die Folge davon ist, dass Apollon nicht mehr in Ehren steht, ἀλλὰ ἤδη πᾶς λίθος καὶ πᾶς βωμὸς χρησμῳδεῖ, ὃς ἂν ἐλαίῳ περιχυθῇ καὶ στεφάνους ἔχῃ καὶ γόητος ἀνδρὸς εὐπορήσῃ, οἷοι πολλοί εἰσιν. ἤδη καὶ ὁ Πολυδάμαντος τοῦ ἀθλητοῦ ἀνδριὰς ἰᾶται τοὺς πυρέττοντας ἐν Ὀλυμπίᾳ καὶ ὁ Θεαγένους ἐν Θάσῳ etc. Seitdem unser so viele sind, haben Meineid und Tempelraub überhandgenommen; und man hat ganz Recht, wenn man uns nicht respektirt. Schliesslich berührt Momos noch die **Verwirrung**, welche in Folge einer Menge abstrakter Begriffe in dem Glauben herrsche, und sein Vorschlag geht dahin, dass zur Beseitigung dieser Uebelstände ein aus vollgiltigen **Göttern** bestehendes Richtercollegium eingesetzt werde, welches in einer einzuberufenden Versammlung die Olympfähigkeit der einzelnen zu prüfen und die Ausweisung der Eindringlinge zu veranlassen habe. Lukian bespricht also vorzugsweise in dieser Schrift 1. den Heroenkultus, 2. den Syncretismus und 3. das Orakelwesen. Alles das haben wir in den Göttergesprächen schon vielfach behandelt gefunden. Was den ersten Punkt anbelangt, so wurde Dionysos, der Sohn der Sterblichen, im 18. Dialog von Hera in ganz ähnlicher Weise charakterisirt wie es hier von Momos geschieht. Asklepios und Herakles aber, welche hier nur einen Seitenhieb bekommen, sagen sich im 13. Dialog gegenseitig alles das, was Lukian von einem Heros gehalten wissen will. Die Art, wie Zeus dort das der Heroen unwürdige Betragen rügt, erinnert gleich an den Gegenstand des Deorum concilium. Παύσασθε, ruft er ihnen zu, καὶ μὴ ἐπιταράττετε ἡμῖν τὴν ξυνουσίαν, ἢ ἀμφοτέρους ἀποπέμψομαι ὑμᾶς τοῦ ξυμποσίου Und wie hier im Deor. conc. auf die Hässlichkeit der mit den Heroen gemeinsam aufgenommenen Olympbewohner ein Gewicht gelegt wird, so sahen wir die Hässlichkeit mancher Göttersöhne in den Göttergesprächen hervorgehoben [77]). Das zweideutige, eine nur halbwegs vernünftige Kritik nicht vertragende Wesen der Heroen geisselt Lukian in den Todtengesprächen, welche hier wol mit um so mehr Berechtigung herangezogen werden dürfen, als dieselben sowol in ihrer Form als auch in ihrem Charakter den Götterg. ähnlich sind, und man mit ziemlicher Zuversicht annehmen kann, dass sie in dieselbe Periode schriftstellerischer Thätigkeit fallen als die Götter- und Meergöttergespräche. Jene Dialoge nun, welche einerseits die Verspottung des Volksglaubens von der Fortdauer im Hades, andererseits die Darstellung der Nichtigkeit alles menschlichen Strebens nach Ruhm, Glanz und Reichtum zum Gegenstande haben, boten der Verspottung der Götter keinen Raum [78]), da die Scene in die Unterwelt verlegt ist, wohin jene nicht kommen konnten. Aber ein Heros wie Herakles, dessen Schatten nach der Nekyomantie [79]) im Hades weilt, bot dem Satiriker hier ein um so erwünschteres Thema,

---

[77]) Dial. deor. 22; vgl Anm. 70.
[78]) Wenn man etwa von Hermes absieht; vgl. Catapl. 1.
[79]) Hom. Od. 11.600 ff: τὸν δὲ μετ' εἰσενόησα βίην Ἡρακληείην,
εἴδωλον αὐτὸς δὲ μετ' ἀθανάτοισι θεοῖσι
τέρπεται ἐν θαλίῃς καὶ ἔχει καλλίσφυρον Ἥβην.

als der Gegensatz zwischen einem Olympier oder einem Halbolympier und einem von den ἀμενηνὰ κάρηνα des Hades doch erwartetermassen ein bedeutender sein sollte. Deshalb wird Herakles in der Unterwelt von Diogenes in dem zwischen beiden geführten Gespräche[80]) in so viele Theile analysirt, dass er selbst nicht mehr zu wissen scheint, was er von sich zu halten hat. Der Sinopenser zertheilt ihn nämlich in den im Olymp weilenden Herakles, den in der Unterwelt befindlichen Schatten und endlich in den am Oeta verbrannten Körper. In ganz ähnlicher Weise bringt im 3. Todtengespräch Menippos die beiden orakelspendenden Halbgötter Amphilochos und Trophonios durch seine auf die Klärung des Begriffes „Heros" hinzielenden Fragen in Verlegenheit.

Auch von dem zweiten Punkte, dem Syncretismus, war in den Dial. deor. die Rede gewesen. Im 16. Dialog spricht Lukian von der scythischen Artemis, welcher Menschenopfer dargebracht werden, im dritten von der Jo, welche Zeus im Handumdrehen zu einer ägyptischen Göttin dekretirt hat [81]).

Wie endlich Momos hier von den Orakeln spricht — und sein Tadel trifft wol mehr den Apollon selbst als die seinem Beispiele folgenden Heroen, — so haben wir im 16. Göttergespräche Hera sich über das Weissageunwesen äussern gehört. Orakelwerkstätten, sagt sie, hat er in Delphi, Klaros und Didymi eingerichtet und betrügt die, die sich Rat von ihm holen, durch verdrehte und zweideutige Sprüche, so dass man ihm nichts anhaben kann. Und reich wird er dabei, da viele so thöricht sind, sich von ihm anführen zu lassen..... Der Prophet selbst aber hat es nicht gewusst, dass er den Geliebten mit dem Diskos tödten, noch hat er prophezeit, dass ihn Daphne fliehen werde.

Den Kern der Schrift bildet der gegen die τέλειοι θεοί, namentlich aber gegen das Oberhaupt derselben gerichtete Vorwurf, sie selbst seien Schuld an der überhandnehmenden Verwirrung und Auflösung der olympischen Zustände. Die Götter der Mythe können ihrem Wesen nach sich nicht selbst genügen, sondern suchen in irdisch-sinnlicher Weise nach Gegenständen des Genusses; so erhält der Olymp einen Zuwachs,

---

[80]) Dial. mort. 16.
[81]) S. den Auftrag an Hermes Dial. deor. 3, der sich passend vergleichen lässt mit Dial. deor. 25.3 u. Dial. mar. 10.2.

der das Gepräge niederer Menschlichkeit in noch höherem Grade an sich trägt. In dem den Olympiern entgegengeschleuderten Vorwurf, sie selbst hätten die Verwirrung angerichtet, ist deutlich der Gedanke ausgesprochen: Ihr, so wie euch die Mythe geschaffen, könnt euer Ansehen als Götter so wenig behaupten, ihr könnt dem religiösen Bedürfnisse der Menschen so wenig genügen, dass diese sich in die Lage versetzt sehen, ihre Zuflucht zu immer neuen Phantesiegebilden und Superstitionen zu nehmen. Wenn ihr aber dem ruhig zusehen könnt oder zusehen müsst, so ist es um euer Ansehen, um euch selbst geschehen.

Hier ist also zum erstenmal aus der in den Dial. deor. verspotteten Sinnlichkeit der Götter ein direkter Schluss auf die Unhaltbarkeit des Glaubens gezogen.

Der Inhalt des Juppiter Tragoedus ist folgender: Zeus macht, nachdem er einst in Piräeus bei einem reichen aber knauserigen Schiffsherrn zum Opfer geladen gewesen, einen Spaziergang gegen die Stadt. Da sieht er bei der Stoa eine grosse Menge Volks um zwei Philosophen versammelt, die heftig mit einander disputiren. Der eine von ihnen, Damis, ein Epikureer, stellt das Dasein der Götter, also auch den Einfluss solcher auf die Weltordnung entschieden in Abrede, der andere, ein Stoiker mit Namen Timokles, sucht die Götter um jeden Preis zu halten. Zeus lauscht, in eine dichte Wolke gehüllt, bis die Nacht dem Zanke ein Ende macht. Da die Philosophen übereingekommen waren, den unterbrochenen Streit am folgenden Tage wieder aufzunehmen, ist Zeus am nächsten Morgen in grösster Unruhe und geht in Gedanken versunken, bleich und träumend einher (Πῶλος ἢ Ἀριστόδημος ἀντὶ τοῦ Διός). Die Götter in banger Abnung, dass es wol ein sehr gewaltiges Ereignis sein müsse, das dem hochdonnernden Aegiserschütterer an's Herz gehe, werden tragisch gestimmt und fragen, theils im dramatischen Dialogverse, theils auch in epischen Hexametern um die Ursache des Schmerzes. Zeus antwortet gleichfalls in diesen beiden Versarten, bis er nach und nach sich calmirt und in Prosa zu erzälen anfängt. Hera ist gleich mit ihren Neckereien bei der Hand: es werde wohl wieder eine Danae, Semele oder Europa die Quelle seines Grames sein. Allein Zeus setzt die wahre Ursache seiner diesmal ernsteren Besorgnis auseinander und fragt den engeren Rat der ihm zunächst stehenden Götter und Göttinnen, was in dieser kritischen Lage, da es sich um Sein oder Nichtsein handle, zu thun wäre: ὁρᾶτε τὸν κίνδυνον, ὡς ἐν στενῷ παντάπασι τὰ ἡμέτερα. Es wird beschlossen, eine Versammlung sämmtlicher Götter zur Beratung über die gegen die gemeinsame Gefahr anzuwendenden Mittel einzuberufen. Hermes bedient sich beim Herbeirufen der Unsterblichen auf specielle Aufforderung des Zeus der poetischen Form, homerischer Centonen. Alle erscheinen und werden nach ihrem stofflichen Werte geordnet, so dass beispielsweise der eherne Poseidon des Lysippos hinter dem Anubis, und Apollon (da ihn Tempeldiebe des goldenen Kranzes und der kostbaren Wirbel seiner Leier beraubt haben) unter den Zeugiten seinen Platz erhält. Die Barbaren sitzen obenan, während die schön und kunstmässig gebildeten Griechen (da sie nur aus Erz bestehen und höchstens einen Ueberzug von Gold oder Elfenbein haben) sich mit den schlechteren Plätzen begnügen müssen. Nachdem Ruhe und Ordnung mit vieler Mühe hergestellt sind, soll Zeus seinen Vortrag halten, da aber verlässt ihn, der sonst immer θαρραλέος und μεγαλήγορος ἐν ταῖς ἐκκλησίαις gewesen ist (Hermes erinnert an die schreckliche goldene Kette) sein ganzer Mut, er zittert, vermag kein Wort hervorzubringen und weiss sich an die einstudirte Einleitung nicht zu erinnern [82]. Aus dieser Verlegenheit hilft ihm der Eingang der ersten olynthischen Rede des Demosthenes, und nun erzält er die bereits erwähnten Ereignisse des vorigen Tages, bei welcher Gelegenheit er seiner Erbitterung über den Schiffsherrn Mnesitheos Ausdruck gibt, der so geizig war, die 16 geladenen Götter mit einem einzigen alten unappetitlichen Hahn und mit vier Körnern verschimmelten Weihrauchs zu bewirten, so dass man kaum eine Nase voll von dem Rauche geniessen konnte. Alle Verehrung und Anbetung, fährt Zeus fort, kommt uns von den Menschen. Wenn sich bei diesen die Meinung verbreitet, dass wir gar nicht existiren oder nicht für sie sorgen, dann ist es aus mit Opfern, Geschenken und Ehren; μάτην ἐν οὐρανῷ καθεδούμεθα λιμῷ ἐχόμενοι. Denkt also auf ein Mittel und schafft Rat! Lange erhebt sich keiner, endlich meldet sich Momos zum Wort. Es musste so kommen, meint er, und wir dürfen niemand die Schuld geben als uns selbst; denn da wir die grösste Ungerechtigkeit in der Weltordnung mitansehen, wird unsere

---

[82] Ἀλλὰ νῦν, ὦ τέκνον, sagt Zeus zu Hermes, οὐκ οἶδα, εἴτε ὑπὸ τοῦ μεγέθους τῶν ἐφεστώτων δεινῶν εἴτε καὶ ὑπὸ τοῦ πλήθους τῶν παρόντων — πολυθεωτάτη γάρ, ὡς ὁρᾷς, ἡ ἐκκλησία — διατετάραγμαι etc.

Existenz mit Recht geläugnet. Ferner sind die doppelzüngigen Orakel sowie die Fabeln, die von den Dichtern über die Götter erzält werden, sehr geeignet, das Ansehen dieser zu untergraben. Seht also zu, wie ihr, die ihr es so weit habt kommen lassen, eure Lage verbessert: ich für meine Person habe nicht viel zu verlieren. Dem weiss Zeus kein Argument entgegenzusetzen als das demosthenische: Verlachen und Tadeln und Schmähen ist leicht, und jeder kann es, wer nur will, aber einen Rat geben, wie es besser zu machen ist, das versteht nur ein Verständiger, einer der im wahren Sinne des Wortes ein Ratgeber ist. Nun rät Poseidon dem bedrängten Bruder, von seinen Blitzen Gebrauch zu machen und den Frevler Damis auf diese Weise zu beseitigen. Allein Zeus weist darauf hin, **dass** doch solches die Götter nicht in ihrer Macht haben, sondern dass nur von dem Faden der Moiren das Lebensziel und die Art des Todes abhänge. Apollon wieder meint, man müsse dem Timo**kles** einen ξυνήγορος an die Seite stellen, welchen Rat aber Momos mit den Worten: ἀγένειον τοῦτο ὡς ἀληθῶς εἴρηκας [83]) charakterisirt und daran die Frage knüpft, warum der **Prophet** Apollon nicht eröffne, was das Ende des Kampfes sein werde. Dem ins-Gedränge geratenen hilft die Ausrede aus der Verlegenheit, er habe kein Räucherwerk und keinen Dreifuss, auch keine mantische Quelle zur Hand. Doch da Momos nicht nachgibt, gibt Apollon, nachdem er zuerst in Ekstase geraten, einen Spruch zum besten, dessen unverständlicher Unsinn jenem viel zu lachen gibt. Auch des Herakles Rat, die Stoa über Damis Kopf zusammenstürzen zu lassen, findet keinen Anklang [84]), schon deshalb, weil das erst die Moiren bestimmt haben müssten. Die Götter haben noch immer keinen Beschluss gefasst. Da meldet ein Bote, Hermagoras, der Kampf habe begonnen. Das Himmelsthor wird aufgesperrt und die Götter hören zu. Unten spielt Timokles eine lächerliche Rolle. Seine Argumente **sind** sehr schwacher Natur; das Volk möge den Gottesläugner mit Steinen bewerfen oder: die Strafe der Götter werde ihn erreichen. Auch bedient er sich gleich anfangs kräftiger Schimpfworte. Da der Epikureer den aus der Schönheit, Künstlichkeit und Regelmässigkeit des Weltbaues abgeleiteten **Beweis nicht gelten** lassen will, beruft **sich** der Stoiker auf Homer **als** Autorität, diesen Dichter aber benützt

---

[83]) Mit Bezug auf c. 26.
[84]) ἄγροικον τοῦτ' εἴρηκας καὶ δεινῶς Βοιώτιον.

Damis für seine Zwecke. Er verkenne nicht die dichterischen Vorzüge Homers, sei aber der Meinung, dass man weder ihn noch sonst einen Dichter für einen zuverlässigen Gewährsmann in solchen Dingen halten dürfe. Ihr Streben sei nicht auf Wahrheit, sondern nur darauf gerichtet, ihre Zuhörer durch Erfindungen aller Art zu ergötzen und zu bezaubern. In dieser ihrer Freiheit haben sie von den Göttern Dinge erzält, die eine hingebende Verehrung derselben unmöglich machen. Auch damit, dass Euripides die Götter auf die Bühne bringe, will Timokles seine Behauptung stützen, aber Damis zieht dieses Argument ins Lächerliche, ohne dass sein Gegner etwas darauf zu erwidern hat als den neuen Beweis, dass ja alle Völker an Götter glauben und ihnen Feste feiern. Dagegen macht der Epikureer auf die so weitgehenden Verschiedenheiten zwischen den religiösen Anschauungen der einzelnen Völker aufmerksam, was gerade ein Beweis dafür sei, wie unsicher die Grundlagen des Götterglaubens sind. Nun klammert sich der Gläubige noch an die Orakel, aber sein Gegner führt dasselbe aus, was Momos befürchtend vorhergesagt hatte. Auch der Donner des Zeus, auf den sich Timokles beruft, verfängt bei Damis nicht, er erwähnt vielmehr die Geschichte von dem Grabe des Zeus auf Kreta. Auch das Gleichnis vom Weltschiff und dem Steuermann kommt schlecht weg, indem Damis ausführlich die unsäglichen Verwirrungen, die auf diesem seiner Ansicht nach weder vernünftig noch zweckmässig geleiteten Schiffe anzutreffen seien, schildert. Der letzte Rettungsanker ist die Ableitung des Daseins der Götter von dem Vorhandensein der Altäre. Angesichts solcher Argumente gibt es Damis auf, mit Timokles zu streiten und zieht sich lachend zurück, von einer Flut von Schimpfwörtern begleitet und vielleicht auch von einer Thonscherbe, die der erbitterte Stoiker abzuschleudern droht. Dem verzweifelten Zeus, der indessen die schrecklichste Angst ausgestanden hat, gibt Hermes den Rat, so zu thun, als ob nichts geschehen wäre; es gäbe ja noch Leute genug, die glauben: der grösste Theil der Griechen, nämlich der grosse Haufe und der gemeine Pöbel, und alle Barbaren.

Werfen wir noch einen Blick auf die ganze interessante Schrift, so ergibt sich, dass für die Würdigung derselben und für die Parallele mit den Göttergesprächen vorzugsweise die Auseinandersetzungen des Momos (c. 19—22) einerseits und die Argumentation des Timokles und die Einwürfe des Damis (c. 35—52) anderseits in Betracht kommen. Momos hat die an das Deor. conc. erinnernde Behauptung, dass die Götter an dem sie bedrohenden Sturze nur selbst schuld seien, zunächst damit begründet, dass sie sich um die Weltordnung nicht kümmern. Dieser die Autorität der Götter schmälernde Umstand erscheint wie die übrigen Vorwürfe des Momos in dem Philosophendispute wieder und zwar als Gegengrund gegen den von dem Stoiker aus der Schönheit, Regelmässigkeit und weisen Anordnung des Weltalls abgeleiteten Beweis für das Walten einer göttlichen Vorsehung (c. 38 und 46 ff.). Nach Damis Meinung ist die schöne Ordnung eine Naturnotwendigkeit, welche aber eine Vorsehung nicht voraussetze. Und an der andern Stelle führt er aus, dass in der Weltleitung allenthalben Unzulänglichkeit, Unzweckmässigkeit und Ungerechtigkeit hervortrete, was nicht möglich wäre, wenn das Steuerruder der Welt mit umsichtigen und ordnendem Blicke geführt würde.

Diese Stellen, welche einzig und allein Anhaltspunkte zu der Annahme bieten könnten, dass sich des Autors Unglaube nicht blos auf die griechischen Götter und ihre Vorsehung, sondern auch auf die allgemeine Idee der Gottheit ausdehne, bedürfen einer etwas eingehenderen Erörterung.

Allerdings scheint Lukian hier den Boden der Mythe und die Verspottung der Menschen-Götter zu verlassen, das rein spekulative Gebiet zu betreten und von diesem aus das Dasein der Götter und ihrer Vorsehung überhaupt zu bekämpfen. Triftige Gründe aber sprechen dafür, dass man aus der in dieser Schrift vereinzelt zu Tage tretenden Verallgemeinerung des Unglaubens keinerlei zu weit gehende Schlüsse auf Lukians religiöse Ansichten ziehen darf.

Schon die Inscenirung deutet darauf hin, dass es auf den Olymp abgesehen ist; dieser bildet das Hauptinteresse, die Olympier und ihr Oberster sind die Zunächstbetheiligten. Aus der grossen Schar der Barbaren, welche aus aller Herren Länder sich auf dem Olymp eingefunden haben, betheiligt sich keiner an der Verhandlung. Die echten griechischen Götter hingegen erfassen den Ernst der Lage, sinnen auf Rat und verkünden ihre Meinung. In der grössten Angst und Verzweiflung ist Zeus, der angesichts der Gefahr seine Fassung, seinen Mut, sein sonst so kühnes Selbstbewusstsein verliert. Für ihn steht alles auf dem Spiel, und er verliert auch in diesem kleinen Drama unendlich viel, weil sein Todfeind Lukian am meisten ihm an den Leib rückt, wie ein Kriegsmann, der es auf den feindlichen Feldherrn abgesehen hat. Eben weil es sich um den Olymp handelt, weil der Olymp den Mittelpunkt des Interesses bildet, wird die Aufmerksamkeit nicht einen Augenblick von demselben abgelenkt, denn der Leser denkt bei jedem neuen Hieb, den Damis den Göttern versetzt, und bei jeder neuen Ungeschicklichkeit, die Timokles begeht, an den Eindruck, den dies alles auf die von ihrer Höhe aus zuhörenden Seligen machen muss.

Ferner ist zu bedenken, dass wir Lukian nicht für alles, was Damis spricht, verantwortlich machen dürfen. Dadurch, dass er gleich im 4. c. (u. später noch im 19. u. 22.) hervorhebt, dass jener ein Epikureer ist, hat er sich vor dem Vorwurfe der gänzlichen Läugnung einer weisen und vorsorgenden Weltregierung verwahrt, da es ja jedem seiner Leser klar war, dass die von Damis unternommene Bekämpfung der stoischen Teleologie und der Vorsehung auf Rechnung des Epikureismus zu schreiben ist [83]). Nur das, was in der Argumentation des Damis nicht sogleich als von der epikureischen Lehre entlehnt erkannt wird, kann man mit Recht für echt lukianische Gedanken halten. Ein solcher Gedanke ist die Läugnung der Einflussnahme der körperlichen, ohnmächtigen, ihren Genüssen nachgehenden mythischen Götter auf die irdischen Dinge, wie wir ihn bereits in den **Göttergesprächen** ausgesprochen fanden (oben S. 20). Ebendasselbe spricht **Momos** aus, wenn er sagt: ἐγὼ γάρ καὶ πάνυ προσεδόκων ἐς τόδε ἀμηχανίας περιςήςεσθαι τὰ ἡμέτερα καὶ πολλοὺς τοιούτους ἀναφύσεσθαι ἡμῖν σοφιςάς, παρ' ἡμῶν αὐτῶν τὴν αἰτίαν τῆς τόλμης λαμβάνοντας. καὶ μὰ τὴν Θέμιν οὔτε τῷ Ἐπικούρῳ ὀργίζεσθαι ἄξιον οὔτε τοῖς ὁμιληταῖς αὐτοῦ καὶ διαδόχοις τῶν λόγων, εἰ τοιαῦτα περὶ ἡμῶν ὑπειλήφασιν. ἢ τί γὰρ ἂν αὐτοὺς ἀξιώσειέ τις ἂν φρονεῖν, ὁπόταν ὁρῶσι τοσαύτην ἐν τῷ βίῳ ταραχήν etc. . . . . εἰκότως τοίνυν ταῦτα ὁρῶντες οὕτως διαιροῦνται περὶ ἡμῶν ὡς οὐδὲ ὅλως ὄντων. Betrachten wir aber den engen Zusammenhang dieser Aeusserung mit der nun folgenden Kritik der Orakel und den Erzählungen der Dichter von den Göttern, so wird es ganz klar, wo Lukian hinaus will. Momos sagt: Ὅταν μὲν γὰρ πάλιν τῶν ῥαψῳδῶν ἀκούσωσιν, ὅτι καὶ ἐρῶμεν καὶ τιτρωσκόμεθα καὶ δεσμούμεθα καὶ δουλεύομεν καὶ στασιάζομεν καὶ μυρία ὅσα πράγματα ἔχομεν, καὶ ταῦτα μακάριοι καὶ ἄφθαρτοι ἀξιοῦντες εἶναι, τί ἄλλο ἢ δικαίως καταγελῶσι καὶ ἐν οὐδενὶ τίθενται τὰ ἡμέτερα;

---

[83]) s. Schwegler a. a. O. S. 329 f.

Hier sehen wir die leitende Idee, den durch alle antireligiösen Schriften Lukians sich durchziehenden Grundgedanken. Zu den hier aufgezälten Schlagworten geben die Göttergespräche den Commentar; est ist, als ob mit diesen auf die dort specialisirten μυρία πράγματα hingewiesen würde. Die dort dargestellte Sinnlichkeit der Götter ist ihre Schwäche, und es wird hier die Consequenz daraus gezogen. „Können wir's übel nehmen", räsonnirt Momos weiter, „wenn Menschen, die ihren Verstand nicht völlig verloren haben, diese Dinge in's rechte Licht stellen und von unserer Vorsehung nichts wissen wollen? Vielmehr sollten wir uns freuen, dass es noch Leute gibt, welche uns, denen so vielerlei vorgeworfen werden kann, noch Opfer bringen."

Sowie nun hier deutlich und scharf aus der Körperlichkeit der mythischen Götter der Schluss gezogen wird, dass diese die Welt nicht regieren können, so kommt auch Damis des ausführlichen auf das Lieblingsthema des Lukian, auf die Ohnmacht und die anderen menschlichen Attribute der mythischen Götter zu reden: Wie Zeus nahe daran war, gefesselt zu werden, wie er den Agamemnon durch einen Traum betrügt, weil er nicht die Macht besitzt, ihn mit einem Blitze zu tödten, wie Aphrodite und Ares von Diomedes verwundet werden, wie Athene mit Hermes, Hermes mit Leto kämpft und so noch andere Götter paarweise (Il. 20. 67 ff.) und wie Artemis, weil sie von Oineus nicht zum Opfermale geladen worden, den mächtigen Eber über dessen Gefilde schickt. So spricht Damis dann auch von den Orakeln, von dem bei Lukian sehr oft verspotteten dem Kroisos zu Theil gewordenen Spruche, „welcher wie einige Hermen zwei Gesichter hatte, wiewol der elende Sardianer den zweideutigen Satz mit einer schönen Anzal von Talenten bezalt hatte." Nachdem Damis ferner der gräuelichen Opfer der taurischen Artemis gedacht hat, beantwortet er des Timokles Hinweis auf die gewaltigen Donner des Zeus mit der Erwähnung jenes Grabes auf Kreta, bei welcher Gelegenheit der Hochdonnernde in eine furchtbare Angst gerät und an allen Gliedern zu zittern anfängt; und in diesem verhängnissvollen Momente gibt ihm Momos den sarkastischen Rat: Ἀλλὰ σύ, ὦ Ζεῦ, ὁπόταν ἐθελήσῃς σειρὴν χρυσείην καθεὶς ἅπαντας αὐτοὺς

αὐτῇ κεν γαίῃ ἐρύσαις αὐτῇ τε θαλάσσῃ.

Auf diese Dinge nun, welche, wie wir sahen, den Stoff für die Göttergespräche geliefert hatten, will Lukian den Nachdruck gelegt wissen. Hätte er das nicht beabsichtigt, sondern wäre es ihm im

Gegentheile um die Bekämpfung alles Göttlichen und der Vorsehung überhaupt zu thun gewesen, dann hätte er sowohl in mancher anderen seiner zalreichen Schriften Gelegenheit genommen, dieser seiner Meinung Ausdruck zu geben, (was aber nicht der Fall ist) [56]), insbesondere aber hätte er im Jup. Trag. das Thema eingehender und erschöpfender behandelt und sich nicht damit begnügt, dasselbe in einer verhältnismässig umfangreichen Schrift auf einen so kleinen Raum zu beschränken.

Nun darf es aber nicht befremden, dass Lukian den Epikureer jene Ansicht überhaupt vortragen lässt. Der erklärte Feind der Mythengottheiten suchte nach einer neuen schneidigen Angriffswaffe zur Bekämpfung derselben, er suchte nach einer neuen Form für die Darstellung jenes Gegensatzes zwischen der Idee der Gottheit und deren Vertretern, und er fand eine solche Form. Als Gottesläugner waren die Epikureer bekannt; Lukian spielt nun dem Zeus den bösen Streich, dass er ihn gleichsam vor unseren Augen in die unangenehme Lage versetzt, die von einem Epikureer entwickelten Grundsätze mitanzuhören. **Aber für Lukian waren die radikalen epikureischen Grundsätze nur insofern wichtig, als dieselben die von Zeus und seiner Umgebung verbreitete Meinung herabzusetzen geeignet sind.**

Ziehen wir schliesslich auch die einzelnen gegen die Menschen-Götter vorgebrachten spöttischen Bemerkungen in Betracht, welche sich ausserhalb der oben genannten Stellen allenthalben in dieser Schrift vorfinden, so ergibt sich eine so grosse Zal von in die Augen springenden Parallelen mit den Göttergesprächen, [57]) dass man daraus nicht blos die Verwandtschaft, sondern nach dem Gesagten auch die Gleichheit der Tendenz erkennen muss.

Der Inhalt des **Juppiter confutatus** ist folgender: Kyniskos richtet an Zeus die Bitte, ihm eine Frage zu beantworten, die er als οὐ χαλεπή bezeichnet. Zeus geht darauf ein und gesteht dem fragenden Kyniskos, Homer spreche die Wahrheit, wenn er von der Εἱμαρμένη und den Moiren singe, dass alles unvermeidlich sei, was

---

[56]) Ueber den Jup. conf. weiter unten.
[57]) Die ausführliche Inhaltsangabe des Jup. Trag. umfasst die wichtigsten dieser Beziehungen, weshalb hier von der Specialisirung derselben wol **abgesehen** werden **darf**.

sie jedem bei seiner Geburt zugesponnen haben [88]). Mithin hat derselbe **Homer**, wie Zeus zugesteht, Unrecht, wenn er überhaupt von einem ὑπὲρ μοῖραν spricht [89]). Da nun Kyniskos weiter fragt, wie sich denn die Gewalt der drei Moiren zu der der Εἱμαρμένη und der Τύχη verhalte, da weicht Zeus mit der in solchen Fällen gebotenen Antwort aus: οὐ θέμις ἅπαντά σε εἰδέναι. [90]). Nun fragt der Philosoph, ob auch die Götter von den Moiren beherrscht werden und an dem Faden derselben hangen. Während Zeus **dies** zugesteht, hat er den Göttern alle Macht abgesprochen, und dies gibt dem **Frager Veranlassung**, die schon oft herangezogene Drohung des Zeus, er werde an einer goldenen Kette sämmtliche Götter sammt dem Meere und der Erde zu sich emporziehen, als ein blosse Pralerei hinzustellen, Wenn die Götter, so deducirt nun Kyniskos, nicht im Stande sind, etwas auf eigene Faust zu verfügen, sei es nun irgend ein Unheil abzuwehren, oder etwas erwünschtes zu geben, so sind alle Opfer und Gebete unnütz. Endlich muss Zeus zugestehen, dass die Opfer allerdings keinen Nutzen mit sich bringen, dass sie aber in einer gewissen Verehrung vor dem βέλτιον begründet sind, welche die schwächeren Menschen den Göttern gegenüber hegen müssten. Dieses βέλτιον aber vermöchte man — so führt Kyniskos aus — an den

---

[88]) Hom. Il. 20. 127 f.
[89]) Hom. Il. 20. 336.
[90]) Lukian liebt es, auf derartige unlösbare Fragen entweder eine dieser ähnliche Phrase als Antwort folgen zu lassen oder auch dem Verlegenen an Stelle jeder Antwort irgend ein Schimpfwort in den Mund zu legen. Dadurch, dass der Gefragte ausweicht oder die Objektivität verliert, lässt er eben erkennen, dass er seine Sache nicht halten kann oder dass sie überhaupt unhaltbar ist. In demselben Jup. conf. c. 4 sagt Zeus: Οὐκ οἶδα ὅ τι σοι βούλεται ταυτὶ τὰ ἐρωτήματα. — Ib. 6: Οἶδα ὅθεν σοι τὰ κομψὰ ταῦτα ἐρωτήματά ἐστιν, παρὰ τῶν καταράτων σοφιστῶν. — Ib. 9: Ὁρᾷς; ταῦτα ἤδη ὑβρισικά, ὦ Κυνίσκε, φής· καί σοί ποτε μεταμελήσει αὐτῶν. — Ib. 10: Ἤδη σοι καὶ πρότερον ἔφην, οὐ θεμιτὸν εἶναι πάντα σε εἰδέναι — Ib. 16: Σὺ δὲ πολυπράγμων τις εἶ etc. — Sehr bezeichnend sind ferner die Antworten des Kronos auf die schwierigen Fragen des **Priesters** in der Saturnalia. C. 8 sagt **Kronos**: Εἰ μὴ ἑορτήν, ὦ οὗτος, ἤγομεν...., ἔγνως ἂν ὡς ὀργίζεσθαι ἐφεῖταί μοι etc. Ib. 8: Οὐ παύσῃ γὰρ τοιαῦτα ληρῶν; — Ib. 9: Πολλά με ἀνακρίνεις, ὦ οὗτος, ἤδη πίνειν δέον etc. Vgl. noch die Antworten des Glykon im Alexander 43: Οὐ θέμις ἀκοῦσαί σε τοῦτό γε, und weiter: Μηδὲ τοῦτο ἐθελήσῃς εἰδέναι· οὐ γὰρ θέμις. — Vgl. Dial. mort. 16. 3 u. 5 und ib. 28.2.

Göttern nicht zu finden, da sie ὁμόδουλοι τῶν ἀνθρώπων sind; sie
seien im Gegentheile noch schlimmer daran, weil sie sich in einer
ewigen, die Menschen aber nur in einer kurzen Knechtschaft befinden.
Uebrigens sei Hephaistos ein gemeiner Handwerker, Prometheus sei
an's Kreuz geschlagen worden und Kronos liege gefesselt im Tartaros;
ferner seien die Götter verliebt, werden verwundet, dienen als Knechte,
werden von Seeräubern gefangen, von Tempelräubern ausgeraubt.
Durch die Drohung, die der bedrängte Zeus ausstösst, lässt sich
Kyniskos nich stören, sondern fragt weiter, was Zeus unter Vorsehung
verstehe. Dieser antwortet wieder ausweichend. Immer mehr in die
Enge getrieben, will Zeus für die Götter wenigstens eine Art Exe-
kutivgewalt vindiciren, welche dieselben den beschliessenden Moiren
gegenüber besitzen sollen; dann aber, meint der Philosoph, sind die
Götter nur Werkzeuge der Moiren. Auch die Fähigkeit, das vom
Schicksale Bestimmte vorauszuverkünden, welche Zeus den Göttern
beilegt, will Kyniskos nicht zugeben, überdies hält er das Vorhersa-
gen für ganz unnütz; denn sei der Orakelspruch wahr, so lasse sich
ja zur Abwendung des Verkündeten nichts thun. Uebrigens seien
die Orakel wegen ihrer Zweideutigkeit wertlos. — Auf die Frage,
warum so viele Blitze unnütz auf Bäume, Felsen und Mastbäume
verschwendet werden oder gar einen armen unschuldigen Wanderer
treffen, während dagegen Bösewichter aller Art sich eines ungestör-
ten Daseins erfreuen, gibt Zeus die bezeichnende Antwort, Kyniskos
dürfe das nicht wissen. — Zeus kommt dann auf die Belohnung
und Bestrafung nach dem Tode zu reden. Auf die im Eingang
aufgestellten Prämissen gestützt, erklärt Kyniskos zum Schluss, dass
kein Mensch mit Recht belohnt oder bestraft werde, da ja seine
Handlungen vorausbestimmt wären. Hierauf mag Zeus dem „frechen
Sophisten" gar nicht mehr antworten und zieht sich zurück, wiewol
der Philosoph noch einige Bedenken in Betreff der Moiren gehabt
hätte, wo sie wohnen und wie sie, nur drei an der Zal, so viele
Geschäfte besorgen können.

Auch in dieser radikalen Schrift wird nicht die Vorsehung,
nicht die Belohnung und Bestrafung nach dem Tode, nicht das Vorhandensein des Göttlichen, dessen Uebermacht und moralische Ueber-
legenheit über die Menschen absolut geläugnet, sondern es wird nur
von den griechischen oder wie man eben so gut sagen kann, von den
homerischen Göttern behauptet, dass sie sich aus Homer selbst und

seinen widerspruchsvollen Angaben als ohnmächtig erweisen, dass sie nach dieser, der Haupterkenntnisquelle für ihr Dasein und Wirken als dem Menschengeschlechte nicht überlegen erscheinen, dass sie auf die Geschicke desselben keinen Einfluss zu üben vermögen, und mithin die ihnen dargebrachten Opfer ganz vergeblich sind. Denn alle Deduktionen des Kyniskos-Lukian sind nicht etwa rein spekulativ und einem philosophischen Systeme entlehnt [91]), sondern basiren einerseits auf der von Homer behaupteten und von Zeus hier zugestandenen unbezwinglichen Macht der Schicksalsgöttinnen über Menschen und Götter, andererseits auf dem aus derselben Quelle herrührenden Faktum, dass das Dasein der Götter nicht von Seligkeit, sondern von Uebeln aller Art erfüllt werde; und an dieser Stelle ist die Beziehung zu den Göttergesprächen wieder unverkennbar. Denn die dort specialisirten, im Jup. Trag. erwähnten unzähligen Widerwärtigkeiten, die μυρία πράγματα, welche den Göttern ihre Seligkeit rauben, treten auch hier deutlich hervor.

Die Frage, warum es vielen Guten schlecht, vielen Schlechten aber gut gehe, trifft den bereits überwiesenen Gott. Ebenso ist die von Kyniskos nachgewiesene Ungerechtigkeit aller Belohnung und Bestrafung nach dem Tode eine Folgerung aus der anfangs hingestellten unangefochtenen Voraussetzung. — So erscheint also in der That nur Zeus (natürlich mit seiner ganzen Clientel) widerlegt und vernichtet.

All dem, was über die beiden letztbesprochenen Werke gesagt wurde, lässt sich als das positivste Moment noch anfügen, dass Lukian seine hohe Verehrung für das Göttliche unzweideutig ausgesprochen hat. Es geschieht dies in der Schrift Pro imaginibus, wo er den von Panthea gegen ihn erhobenen Vorwurf der Ueberschwänglichkeit, deren er sich in den Imagines schuldig gemacht habe, in der geistreichsten Art von sich abwehrt. Am meisten hatte ihm Panthea übel genommen, dass er sie mit Göttinnen verglichen hatte. Nun spricht sich Lukian (c. 17) dahin aus, dass die gerade in diesem Vorwurfe bewiesene Scheu und Verehrung vor den Göttern ein

---

[91]) Lukian verwahrt sich dagegen (c. 9), indem er sagt: Πάνυ, ὦ Ζεῦ, δέδιας αὐτούς, (die Philosophen, welche die Vorsehung läugnen) οὐκ οἶδα ὅτου ἕνεκα · πάντα γοῦν, ὁπόσα ἂν εἴπω, ὑποπτεύεις ἐκείνων παιδεύματα εἶναι. „Ich aber", ist zu ergänzen, „habe doch andere Quellen nachgewiesen."

so trefflicher Charakterzug sei, dass keiner der von ihm selbst hervorgehobenen Vorzüge sich mit diesem messen könne. Und in demselben Zusammenhange: ὡς ὅσοι τὸ θεῖον μὴ ἐν παρέργῳ σέβουσιν, οὗτοι καὶ τὰ πρὸς ἀνθρώπους ἄριστοι ἂν εἶεν. Am wichtigsten aber für uns ist jene Stelle (c. 24), an welcher er ausführt, dass es ihm nie in den Sinn gekommen sei, die genannte Frau mit den Göttinnen zu vergleichen; die Vergleichung habe sich nur auf die marmornen, ehernen und elfenbeinernen Gebilde vortrefflicher Künstler bezogen. Natürlich aber dürfe man das Gebilde des Phidias nicht für die wirkliche Athene, noch das des Praxiteles für die Aphrodite Urania halten; ἀλλ᾽ ὅρα, fährt er fort, μὴ ἄσεμνον ᾖ τὰ τοιαῦτα περὶ θεῶν δοξάζειν, ὢν τάς γε ἀληθεῖς εἰκόνας ἀνεφίκτους εἶναι ἀνθρωπίνῃ μιμήσει ἔγωγε ὑπολαμβάνω. — Die wahren Urbilder der Götter entziehen sich nach L. s. Meinung der μίμησις des Künstlers, des Bildhauers wie des Dichters, weil ja durch die mit der künstlerischen Darstellung nothwendig zusammenhängende Versinnlichung und Verkörperung das Göttliche beeinträchtigt werden muss. — Hienach kann der vielverlästerte Samosatenser füglich nicht für einen ἄθεος gelten, wiewol sich über seine religiösen Ansichten nichts positives sagen lässt. Soviel ist gewiss, dass er wie nie ein anderer die homerischen Götter gehasst und ihnen empfindliche Schläge beigebracht hat. Man möcht mit Menippos ausrufen [92]: Βαβαί, Ὅμηρε, οἵα τοι τῶν ῥαψῳδιῶν τὰ κεφάλαια χαμαὶ ἔρριπται ἄγνωστα καὶ ἄμορφα.

Samuel Hahndel.

---

[92] Dial. mort. 20.

Schulnachrichten

vom

Director Franz Wimmerer.

I. Zur Geschichte der Anstalt.

Was zunächst den Personalstand des Lehrkörpers anbelangt, so trat in demselben dadurch eine Veränderung ein, dass Herr Prof. A. Pöschko mit Erlass des hoh. n. ö. Landesausschusses vom 30. Juli 1874 Z. 16502 zum Director der n. ö. Landes-Oberreal- und Maschinenschule in Wiener-Neustadt ernannt worden ist. Der genannte Herr, welcher seit 1. März 1866 dem Lehrkörper unserer Anstalt angehörte, hat durch seine rastlose Thätigkeit im Lehramte, ferner durch seine Mühewaltung als Bibliothekar, endlich auch in seiner Eigenschaft als Cassier der Schülerlade sich den vollen Anspruch auf den Dank der Lehranstalt erworben, der ihm hiemit von dem Berichterstatter ausgesprochen wird.

Die durch den Abgang des Herrn Prof. A. Pöschko erledigte Lehrstelle für Mathematik wurde dem Assistenten an der landschaftlichen Oberrealschule in Graz, Herrn Heinrich Drasch, provisorisch verliehen; da derselbe aber wegen Krankheit sein Lehramt nicht antreten konnte, wurde er der Stelle enthoben, und sofort die erforderliche Supplierung durch Mitglieder des Lehrkörpers eingeleitet.

Die Schüleraufnahme, welche in der Zeit vom 26. September bis 1. Oktober stattfand, ergab folgendes Resultat:

A. Realgymnasium:
I. Classe 61, II. Classe 41, III. Classe 30, IV. Classe 19 Schüler.

B. Oberrealschule:
I. Classe 14, II. Classe 9, III. Classe 16 Schüler.

Mit den für die erste Classe des Realgymnasiums angemeldeten Schülern wurden am 29. und 30. September und am 1. October die vorgeschriebenen Aufnahmsprüfungen abgehalten; wegen gänzlich unzureichender Vorkenntnisse wurde sechs Schülern die Aufnahme verweigert; somit verblieben für diese Classe 55 Schüler.

Das Schuljahr wurde am 1. Oktober mit einem feierlichen Gottesdienste eröffnet, welchem der Lehrkörper und die Schüler anwohnten.

Den 4. Oktober, den Tag des Namensfestes Sr. Majestät des Kaisers, feierte die Schule durch einen gemeinsamen Gottesdienst; ebenso den 19. November als das Namensfest Ihrer Majestät der Kaiserin.

Am 8. und 9. November wurde die mit der Lehranstalt verbundene Gewerbeschule von dem k. k. Landesschulinspector H. Schramm inspiciert. Der genannte Herr Landesschulinspector wohnte dem Unterrichte in den beiden Abtheilungen des Vorbereitungscurses und im gewerblichen Fortbildungscurse, ferner am 10. November auch dem Unterrichte in einigen Classen des Realgymnasiums bei und besichtigte die Lehrmittel der Anstalt.

Am 19. Dezember wurde mit den Schülern der II. Abtheilung des stenographischen Lehrcurses ein Probeschreiben abgehalten, das recht befriedigende Resultate ergab. Den besten Arbeiten wurden Prämien zuerkannt, welche vom Herrn Advokaten Dr. A. Grünwald in Stockerau für diesen Zweck gewidmet worden waren, wofür die Direction dem genannten Herrn ihren Dank ausspricht.

Das I. Semester wurde am 26. Februar geschlossen, das II. am 1. März begonnen.

In der zweiten Hälfte des Monats März, sowie den Monat April hindurch wurden an der Lehranstalt vom Herrn Professor J. Hoschek Vorträge über die neuen Masse und Gewichte gehalten, die sich eines recht lebhaften Besuches erfreuten.

Am 29. Mai und am 15. Juni d. J. beehrte das Mitglied des hoh. n. ö. Landesausschusses, Herr k. k. Professor Dr. W. Lustkandl, die Anstalt mit seinem Besuche, wohnte jedesmal in mehreren Klassen dem Unterrichte bei, besichtigte auch die Lehrmittelsammlungen der Schule und richtete aufmunternde Worte an die Schüler.

Am 10. Juni wurde der Berichterstatter vom hoh. n. ö. Landesausschusse zum Director des n. ö. Landes-Lehrer-Proseminars in St. Pölten ernannt.

Am 3. Juli wohnten der Lehrkörper und die Schüler dem Trauergottesdienste bei, welcher anlässlich des Hinscheidens Sr. Majestät des Kaisers Ferdinand I. in der Domkirche abgehalten wurde.

Schliesslich muss noch erwähnt werden, dass die Lehranstalt auch in diesem Schuljahre sich vielseitiger Unterstützung erfreute. In dieser Hinsicht fühlt sich der Berichterstatter angenehm verpflichtet, dem hoh. n. ö. Landesausschusse, dem löbl. Sparcassa-Vereine, sowie auch dem löbl. Gewerbe-Vereine in St. Pölten den wärmsten Dank der Anstalt auszudrücken. Ebenso sei hier den vielen Privatwohlthätern unserer Schüler, besonders dem Herrn M. Salzer der beste Dank der Anstalt ausgesprochen.

II. Personalstand des Lehrkörpers.

1. Heinrich **Bourqui,** Professor, lehrte die französische Sprache in den drei Classen der Oberrealschule.
2. Michael **Daurer,** Consistorialbeamter, unterrichtete die Schüler im Gesange.
3. Phil. Dr. Anton **Effenberger,** Professor, lehrte Chemie in den vier oberen Classen und in der Gewerbeschule, Physik in III. und IV., französische Sprache in IV. und leitete die practischen Uebungen der Schüler im chem. Laboratorium.
4. Eduard **Hackel,** Professor, lehrte die Naturgeschichte im Realgymnasium und an der Oberrealschule, Geographie in II. und **französische Sprache in III,**

5. Samuel **Hahndel**, Professor, lehrte Latein in II. und IV., Deutsch in II. und ertheilte den stenographischen Unterricht.
6. Gustav **Held**, Professor, Mitglied des Abgeordneten-Hauses des hoh. Reichsrathes, lehrte von Ostern an Deutsch in IV. und VI.
7. Josef **Hoschek**, Professor, lehrte Geometrie und geometrisches Zeichnen in II., III., IV. und an der Gewerbeschule, ferner darstellende Geometrie an der Oberrealschule, endlich Mathematik in VI.
8. Johann **Kalchhauser**, Weltpriester, Professor, lehrte Religion am Realgymnasium und im Vorbereitungscurse der Gewerbeschule, Arithmetik in I., III., IV. und an der Gewerbeschule.
9. Albert **Löger**, Professor, lehrte Geographie in I., III., IV., VI., VII. und an der Gewerbeschule, ferner Geschichte in III., IV., VI. und VII.
10. Karl **Schmit**, Professor, lehrte Deutsch in I., VII. und an der Gewerbeschule, ferner Latein in I. und im Fortbildungscurse, endlich Griechisch in IV.
11. Karl **Schneck**, n. ö. Landes-Turnlehrer, leitete den Turnunterricht.
12. Gustav **Sommer**, Professor, lehrte Physik in VI., VII. und an der Gewerbeschule, Mathematik in V. und VII., Arithmetik in II.
13. Ignaz **Tkacz**, Professor am k. k. Militär-Collegium, lehrte die englische Sprache an der Oberrealschule.
14. Rudolf **Ullrich**, Supplent, lehrte Geschichte in II. und V., Geographie in V. Deutsch in III., IV., V. und VI. (in IV. und VI. bis Ostern).
15. Oswald **Waibl**, Professor, lehrte Geometrie und geometrisches Zeichnen in I., ferner Freihandzeichnen in allen Classen der Anstalt und an der Gewerbeschule, endlich Kalligraphie in I. und im Sammelcurse.
16. Franz **Wimmerer**, Director, lehrte Latein und Griechisch in III.

III. Dienerschaft.

1. Carl V o g e l s i n g e r, Schuldiener.
2. Mathias O c h s, Schuldiener.

IV. Lehrplan der Anstalt.
A. Obligate Unterrichtsgegenstände.
I. Classe des Realgymnasiums.

Classenvorstand:
K. Schmit.

1. **Religion.** Die **biblische** Geschichte nach dem Lehrbuche von **Dr.** Drächsler. — Wochentlich 2 Stunden. J. Kalchhauser.

2. **Deutsche Sprache.** Formenlehre des Verbums. Der einfache Satz. Lesen und Erklären geeigneter Lesestücke. — **Memorieren.** — Rechtschreibübungen. — Grammatik von Hermann, Lesebuch v. A. Neumann und O. Gehlen. Monatlich zwei Aufgaben. — Wochentlich 3 Stunden.

K. Schmit.

3. **Lateinische Sprache.** Die regelmässige Formenlehre eingeübt in beiderseitigen Uebersetzungen. Uebungsbuch von Rozek, Grammatik von K. Schmidt. Memorieren der Vocabeln. Vom Dezember angefangen wöchentlich eine Schulaufgabe. — Wochentlich 8 Stunden.

K. Schmit.

4. **Geographie.** Die wichtigsten Begriffe aus der mathematischen und physischen Geographie. Die **Erdtheile** in Bezug auf horizontale und verticale Gliederung. Bewässerung und Bevölkerung. Uebungen im Kartenlesen. — Wochentlich 3 Stunden.

A. Löger.

5. **Arithmetik.** Das dekadische Zahlensystem. Grundrechnungen mit unbenannten und benannten **Zahlen**, ohne und mit **Decimalbrüchen.** Grundzüge der Theilbarkeit, grösstes gemeinschaftliches Mass, kleinstes gemeinschaftliches **Vielfache.** Gemeine Brüche. Verwandlung derselben in Decimalbrüche und umgekehrt. Rechnen mit periodischen Decimalbrüchen. Rechnen mit mehrnamig benannten Zahlen. — Wochentlich 3 Stunden.

J. Kalchhauser.

6. **Naturgeschichte.** Zoologie nach Pokorny. Illustrirte Naturgeschichte. — Wochentlich 3 Stunden.

E. Hackel.

7. **Geometrie und Zeichnen.** I. Semester. Das Zeichnen der geometrischen Formen in der Ebene nach Tafelzeichnungen; die wichtigsten geometrischen Lehrsätze aus der Anschauung begründet. — II. Semester. Das Wichtigste aus der Körperlehre, die Grundlehren der Perspective. Das Zeichnen nach Draht- und Holzmodellen. — Wochentlich 6 Stunden.

O. Waibl.

8, **Kalligraphie.** Die deutsche und englische Currentschrift. — Wochentlich 1 Stunde.

O. Waibl.

II. Classe des Realgymnasiums.

Classenvorstand:
S. Hahndel.

1. **Religion.** Die katholische Glaubenslehre nach dem Lehrbuche von Fischer. — Wochentlich 2 Stunden.

J. Kalchhauser.

2. **Deutsche Sprache.** Grammatik von Hermann. Wiederholung der Formenlehre. Lehre vom zusammengesetzten Satze. Arten der Nebensätze. Verkürzung derselben. — Lectüre aus dem Lesebuche von Neumann-Gehlen, 2. Bd. Memorieren. Monatlich zwei Aufgaben. — Wochentlich 3 Stunden.

S. Hahndel.

3. **Lateinische Sprache.** Wiederholung der regelmässigen Formenlehre. Unregelmässigkeit in Declination, Genus und Conjugation. Die wichtigsten Partien der Syntax. Grammatik von K. Schmidt, Uebungsbuch von Rozek. Memorieren der Vocabeln. Schriftliche Präparation. Monatlich 3 bis 4 Schulaufgaben. — Wochentlich 8 Stunden.

S. Hahndel.

4. **Geographie und Geschichte.** Geographie von Asien, Africa und Süd-Europa. — Wochentlich 2 Stunden.

E. Hackel.

Geschichte des Alterthums nach Hannak. — Wochentlich 2 Stunden.

R. Ullrich.

5. **Arithmetik.** Das Wichtigste aus der Mass- und Gewichtskunde, aus dem Geld- und Münzenwesen mit besonderer Berücksichtigung des französischen Systems. Mass-, Gewichts- und Münzreduction. Lehre von den Verhältnissen und Proportionen. Zins-, Discont- und Terminrechnung. Kettensatz, Theilregel; Durchschnitts- und Allegationsrechnung. Wochentlich 3 Stunden.

G. Sommer.

6. **Naturgeschichte.** I. Sem. Mineralogie, Geognosie nach Porkorny. — II. Sem. Botanik. Als Material für den Unterricht dienten die in der Nähe der Stadt wildwachsenden und im Grossen gebauten Pflanzen, ferner bei Algen, Flechten, Moosen das Schulherbarium, bei Pilzen die Beckerschen Wandtafeln. — Wochentlich 3 Stunden.

E. Hackel.

7. **Geometrie und Zeichnen.** Die Eigenschaften, die Construction und Congruenz der geradlinigen Figuren. Symmetrie und Aehnlichkeit ebener Gebilde. Flächenberechnung, Verwandlung und Theilung geradliniger Figuren. Das Constructionszeichnen parallel mit dem theoretischen Unterrichte. — Wochentlich 2 Stunden.

J. Hoschek.

8. **Freihandzeichnen.** Vorübungen zum Ornamentzeichnen. Anfangsgründe der Ornamentik nach Tafelzeichnungen. Verhältnisse des menschlichen Kopfes und Gesichtes. Zeichnen nach plastischen Vorlagen. — Wochentlich 4 Stunden.

O. Waibl.

III. Classe des Realgymnasiums.

Classenvorstand:
A. Löger.

1. **Religion.** Die katholische Sittenlehre nach dem Lehrbuche von Fischer. — Wochentlich 2 Stunden.

J. Kalchhauser.

2. **Deutsche Sprache.** Gelegentliche Wiederholung und Ergänzung der Grammatik. Erklärende Lektüre der Lesestücke. Vortragsübungen. — **Lehrbuch**: Grammatik von Fr. Bauer. Lesebuch: A. Neumann, 3. Bd. Monatlich 2 **Aufgaben.** — Wochentlich 3 Stunden.

R. Ullrich.

3. **Lateinische Sprache.** Grammatik von K. Schmidt. Wiederholung der Formenlehre und der in II. eingeübten syntaktischen Lehrsätze. Casuslehre und syntaktische Eigenthümlichkeiten im Gebrauche der Adjectiva und Pronomina, eingeübt an Rozek's Uebungsbuche. Lectüre: Hist. ant. I., II., IV. Monatlich 2 schriftliche Schularbeiten. — Wochentlich 6 Stunden.

F. Wimmerer.

4. **Griechische Sprache.** (Facultativ.) Die regelmässige Formenlehre mit Ausschluss des Aor. Pass. nach Curtius Grammatik und Hintner's Uebungsbuche. Präparation und Memorieren der Vocabeln. — Wochentlich 4 Stunden.

F. Wimmerer.

5. **Französische Sprache.** (Facultativ.) Die Formenlehre mit Ausschluss der unregelmässigen Zeitwörter unter fortwährender Rücksichtnahme auf die Entwicklung der Formen aus dem Latein; Uebung derselben an den Uebersetzungsbeispielen. — Wochentlich 4 Stunden.

E. Hackel.

6. **Geographie und Geschichte.** Geographie von Mittel- und Nordeuropa mit besonderer Hervorhebung der oro-hydrographischen Verhältnisse. — Wochentlich 2 Stunden.

E. Hackel.

Geschichte der mittleren Zeit mit Hervorhebung der deutschen Geschichte nach Hannak. — Wochentlich 2 Stunden.

A. Löger.

7. **Arithmetik.** Wiederholung der Lehre von den Verhältnissen und Proportionen mit einigen Anwendungen. Einübung der vier ersten Grundoperationen in allgemeinen Zahlen mit ein und mehrgliederigen, sowie mit gebrochenen Zahlenausdrücken. — Anwendung der Grundrechnungen auf Potenzen und Wurzeln. Das Potenziren algebraischer Ausdrücke. Erheben auf die 2. und 3. Potenz, Ausziehen der Quadrat- und Cubikwurzel aus besonderen Zahlen ohne und mit Abkürzung. — Wochentlich 3 Stunden.

J. Kalchhauser.

8. **Physik.** Allgemeine Eigenschaften der Körper. Wärmelehre. Statik und Dynamik der festen, flüssigen und gasförmigen Körper. — Wochentlich 3 Stunden.

Dr. A. Effenberger.

9. **Geometrie und Zeichnen.** Die Aehnlichkeit geradliniger Figuren. Die Kreislehre und die regelmässigen Figuren. Kreisberührungen, architektonische

Bogen und Ornamente. Pythagoräischer Lehrsatz. Construction der Kegelschnitts-
curven.
J. Hoschek.

10. **Freihandzeichnen.** Fortsetzung des ornamentalen und figuralen Zeichnens mit einfachen Schattierübungen nach Vorlagen und Modellen. — Wochentlich 4 Stunden,
O. Waibl.

IV. Classe des Realgymnasiums.
Classenvorstand.
Dr. A. Effenberger.

1. **Religion.** Kirchengeschichte nach dem Lehrbuche von **Fischer.** — Wochentlich 2 Stunden.
J. Kalchhauser.

2. **Deutsche Sprache.** Gelegentliche Wiederholung der Grammatik und Syntax; Wortbildungslehre. — Geschäftsaufsätze. — Tropen und Redefiguren. — Das Wichtigste aus der Metrik. — Erklärende Lectüre der Lesestücke. — Vortragsübungen. — Monatlich 2 Arbeiten. — Lehrbuch: Grammatik von Fr. Bauer. — Lesebuch von A. Neumann. 4. Bd. — Wochentlich 3 Stunden.
R. Ullrich. — Seit Ostern G. Held.

3. **Lateinische Sprache.** Lectüre: Caesar de bello gall. lib. I., II., III. und ein Theil des VII. — Modus- und Tempuslehre nach Schulz kl. lat. Sprachlehre und Rozek's Uebungsbuche 2. Theil. — Prosodie und Metrik eingeübt durch Lectüre aus Rozek's Chrestomathie. — Alle vierzehn Tage eine Schulaufgabe. — **Wochentlich 6 Stunden.**
S. Hahndel.

4. **Griechische Sprache.** (Facultativ.) Wiederholung des gesammten Lehrstoffes der **III. Cl.** nach der Grammatik von Curtius und dem Uebungsbuche von Schenkl. — Die Verba auf μι und die Anomala. Präparation. Memorieren der Vocabeln. Die wichtigsten Lehrsätze aus der Syntax. Gelesen wurden einige Abschnitte aus Schenkl's Chrestomathie aus Xenophon. Monatlich 2 Aufgaben. — Wochentlich 4 Stunden.
K. Schmit.

5. **Französische Sprache.** (Facultativ.) Orthographische Eigenthümlichkeiten einiger regelmässiger Verba. — Die unregelmässigen, **reflexiven** und unpersönlichen Verba. — Gebrauch der Zeiten und Modi. — **Participe** présent und passé. — Monatlich 3 schriftliche Arbeiten.
Dr. A. Effenberger.

6. **Geographie und Geschichte.** I. Semest. Geographie von Amerika und Australien. — II. Semest. Oesterreichische Vaterlandskunde. — Wochentlich 2 Stunden.

Geschichte der neueren Zeit bis zur Gegenwart. Ueberblick über die österreichische Geschichte. — Wochentlich 2 **Stunden.**

A. **Löger.**

7. **Arithmetik.** Ergänzende und erweiternde Wiederholung des bisherigen algebraischen Lehrstoffes. Wissenschaftlich durchgeführte Lehre der vier ersten Grundoperationen mit allgemeinen Zahlen. Lehre von den gemeinen Brüchen. Gleichungen des 1. Grades mit einer oder mehreren **Unbekannten,** nebst zahlreichen Uebungen. — Wochentlich 3 **Stunden.**

J. **Kalchhauser.**

8. **Physik.** Magnetismus, Elektricität, **Akustik** und Optik. — Wochentlich 2 Stunden.

Dr. A. **Effenberger.**

9. **Chemie.** Die wichtigsten Grundstoffe sowie deren Verbindungen, soweit sie in den Künsten und Gewerben Anwendung finden. — Wochentlich 2 Stunden.

Dr. A. **Effenberger.**

10. **Geometrie und geometrisches Zeichnen.** Stereometrie; Anwendung der vier algebraischen Grundoperationen zur Lösung von Aufgaben der Planimetrie und Stereometrie. Theoretisch constructive Uebungen im Zeichnen der wichtigsten ebenen Curven; orthogonale Projection des Punctes und der Linie, der begrenzten Ebenen und der geometrischen Körper in einfachen Stellungen — Wochentlich 3 Stunden.

J. **Hoschek.**

11. **Freihandzeichnen.** Wie in der III. Classe. — Wochentlich 4 Stunden.

O. **Waibl.**

I. Classe der Oberrealschule.

Classenvorstand:
G. **Sommer.**

1. **Deutsche Sprache.** Lektüre von Uebersetzungen aus der classischen Literatur der Griechen und Römer. Ueberblick über die klassische Literatur. Lesung einer Auswahl mittelhochdeutscher Dichtungen. Ueberblick über die ältere Periode der deutschen Literatur. Vortragsübungen. Lesebuch v. Scheiner. — Monatlich zwei Aufsätze. — Wochentlich 3 Stunden.

R. **Ullrich.**

2. **Französische Sprache.** Formenlehre des Substantivs, Adjectivs, Adverbs, Gebrauch der Tempora und Modi. Lectüre aus Dr Plötz's französischer Chrestomathie. — Monatlich 3 schriftliche Arbeiten. — Wochentlich 3 Stunden.

H. **Bourqui.**

3. Geographie und Geschichte. Pragmatische Geschichte des Alterthums. — Wöchentlich 3 Stunden.

R. Ullrich.

Elemente der Himmelskunde. Allgemeines über die Physik der Erde. Geographie von Afrika, Asien und Süd-Europa. Graphische Uebungen. — Wöchentlich 1 Stunde.

R. Ullrich.

4. Mathematik. Allgemeine Arithmetik. Zusammenfassende Wiederholung des bisherigen Lehrstoffes aus der allgemeinen Arithmetik. Gleichungen des ersten Grades mit mehr als zwei Unbekannten. Diophantische Gleichungen. Die Zahlensysteme überhaupt und das dekadische insbesondere. Theorie der Theilbarkeit. Lehre von den Decimalbrüchen, Potenzen und Wurzeln. Bedeutung der imaginären und complexen Zahlen, die vier Grundoperationen mit denselben. Lehre von den Verhältnissen und Proportionen mit Anwendungen. Quadratische Gleichungen mit einer und mit zwei Unbekannten.

Geometrie. Planimetrie in ihrem vollen Umfange, streng wissenschaftlich behandelt. Uebungen im Lösen von Constructionen mit Hilfe der geometrischen Analysis. — Wöchentlich 7 Stunden.

G. Sommer.

5. Naturgeschichte. Zoologie. Bau und Functionen der Organe des Thierleibes, erklärt durch einen Abriss der Anatomie und Physiologie des Menschen. Systematische Betrachtungen der Abtheilungen, Classen, Ordnungen und Familien des Thierreiches. Erklärungen der Charaktere an geeigneten Repräsentanten. Nach O. Schmidt, Zoologie. — Wöchentlich 3 Stunden.

E. Hackel.

6. Chemie. Gesetze der chemischen Verbindungen. Atom, Molecül, Werthigkeit der Atome, Typen, Metalloide, Alkalimetalle, alkalische Erden, Glas- und Thonwaaren-Fabrikation. — Wöchentlich 2 Stunden.

Dr. A. Effenberger.

7. Darstellende Geometrie. Aufgaben über die Linie und über die Ebene, Projectionen von Körpern, die durch Ebenen begrenzt sind; Schnitte von Körpern mit Ebenen; krumme Linien und deren Beziehung zu geraden Linien und Ebenen. Darstellung der krummen Flächen. — Wöchentlich 3 Stunden.

J. Hoschek.

8. Freihandzeichnen. Zeichnen nach Vorlagen und Modellen schwieriger Art. — Wöchentlich 4 Stunden.

O. Waibl.

II. Classe der Oberrealschule.

Classenvorstand:
J. Hoschek.

1. Deutsche Sprache. Uebersicht der Literaturgeschichte von der ältesten Zeit bis zum 18. Jahrhundert; ausführlichere Darstellung der Literatur des 18. Jahrhunderts (bis zum gemeinsamen Wirken Göthe's und Schiller's), an der Hand der Lectüre gewonnen. Lese- und Lehrbuch von Egger 2. Bd. 1. Abt. Monatlich 2 Aufsätze. — Vollständige Werke wurden gelesen: Schiller's „Wilhelm Tell" und „Iphigenie auf Tauris." — Wochentlich 3 Stunden.

R. Ullrich. — Seit Ostern G. Held.

2. **Französische Sprache.** Wortstellung; Gebrauch des Imparfait, Passé défini und Subjonctif nach Dr. Plötz's Schul-Grammatik. Lectüre aus Dr. Plötz französischer Chrestomathie. Monatlich 2 schriftliche Arbeiten. — Wochentlich 2 Stunden.

H. Bourqui.

3. **Geographie und Geschichte.** Geschichte des Mittelalters bis zur Reformation. — Geographie von West-, Mittel- und Nord-Europa, mit besonderer Hervorhebung des deutschen Reiches. — Graphische Uebungen. — Wochentlich 4 Stunden.

A. Löger.

4. **Mathematik.** Arithmetik. Logarithmen; arithmetische und geometrische Progressionen; Gleichungen höherer Grade, welche sich auf quadratische zurückführen lassen; Exponentialgleichungen. Zinses-Zins und Rentenrechnung. Combinationslehre und binomischer Lehrsatz. Convergenz unendlicher Reihen. Geometrie. Goniometrie und ebene Trigonometrie, Stereometrie. — Wochentlich 5 Stunden.

J. Hoschek.

5. **Naturgeschichte.** Botanik nach Wretschko. Vorschule der Botanik. — Wochentlich 2 Stunden.

E. Hackel.

6. **Physik.** Allgemeine Eigenschaften der Körper, Statik und Dynamik fester, tropfbarflüssiger und gasförmiger Körper, Wellenlehre und Akustik. — Wochentlich 4 Stunden.

G. Sommer.

7. **Chemie.** Schwere Metalle. Cyanverbindungen, Albuminate, Albuminoide, Kohlenhydrate, einwerthige Alkohole und die denselben entsprechenden Säuren. Fette. — Wochentlich 2 Stunden.

Dr. A. Effenberger.

8. **Darstellende Geometrie.** Ebene Schnitte krummer Flächen; Tangentialebenen an dieselben und gegenseitige Schnitte der krummen Flächen. Durchdringungen der Körper. Schattenlehre. — Wochentlich 3 Stunden.

J. Hoschek.

9. **Freihandzeichnen.** Wie in Classe I. der Oberrealschule. — Wochentlich 4 Stunden.

O. Waibl.

III. Classe der Oberrealschule.
Classenvorstand:
E. Hackel.

1. **Deutsche Sprache.** Geschichte der deutschen Literatur im 18. Jahrhundert (von der gemeinsamen Thätigkeit Göthe's und Schiller's angefangen) und im 19. Jahrh. mit besonderer Rücksicht auf die deutsche Literatur von Oesterreich an der Hand der Lectüre gewonnen. Lese- und Lehrbuch Egger. II. B. 1. und 2. Th. Vollständig gelesene Werke, „Hermann und Dorothea," „Wallenstein." Monatlich 2 Aufsätze. — Wochentlich 3 Stunden.

K. Schmit.

2. **Französische Sprache.** Das wichtigste über die Satzlehre und Stilistik. Lesung von Musterstücken der historischen und dramatischen Literatur nach Dr. Plötz's Chrestomathie. Monatlich 2 schriftliche Arbeiten. — Wochentlich 2 Stunden.

H. Bourqui.

3. **Geographie und Geschichte.** Erstes Semester: Neuere Geschichte bis zum Beginn der französischen Revolution. Geographie von Amerika und Australien. Graphische Uebungen.
Zweites Semester: Uebersicht über die österreichische Geschichte bis zum Tode Joseph's II., im Anschluss daran die Geschichte der neuesten Zeit bis zur Gegenwart. Darlegung der Grundzüge der österreichischen Verfassung. Statistik der österreichisch-ungarischen Monarchie. — Wochentlich 4 Stunden.

A. Löger.

4. **Mathematik.** Arithmetik. Kettenbrüche. Wahrscheinlichkeitsrechnung. Arithmetische Reihen höherer Ordnung.
Geometrie. Analytische Geometrie der Geraden, des Kreises, der Ellipse, der Parabel und Hyperbel.
Wiederholung und Ergänzung des gesammten, in der Oberrealschule behandelten Lehrstoffes. — Wochentlich 5 Stunden.

G. Sommer.

5. **Naturgeschichte.** Mineralogie und Geognosie nach Fellöcker. Geologie, Klimatologie, Pflanzen- und Thiergeographie im Sinne der allgemeinen Erdkunde von Hann, Hochstetter und Pokorny. — Wochentlich 3 Stunden.

E. Hackel.

6. **Physik.** Reibungs- und Berührungs-Elektrizität. Optik, Wärmelehre und Grundlehren der Astronomie. Wiederholung des ganzen in der Oberrealschule behandelten Lehrstoffes. — Wochentlich 4 Stunden.

G. Sommer.

7. **Chemie.** Zwei- und mehrwerthige Alkohole und Säuren, Gerberei, Färberei, organische Basen, Harze, ätherische Oele. Recapitulation mit kurzer Andeutung der neueren Theorien. — Wochentlich 2 Stunden.

Dr. A. Effenberger.

8. **Darstellende Geometrie.** Centrale Projection (Perspective). Recapitulation der gesammten darstellenden Geometrie mit practischen Anwendungen behufs Erlernung geeigneter Darstellungsweisen technischer Objecte. — Wochentlich 3 Stunden.

J. Hoschek.

9. **Freihandzeichnen.** Zeichnen des menschlichen Skelettes und der Muskelbekleidung desselben. **Zeichnen** ganzer Figuren nach **Vorlagen** und Modellen. Zeichnen nach der Natur. — Wochentlich 4 Stunden.

O Waibl.

10. **Englische Sprache.** V. Lesen, Formenlehre und die für leichtere Lectüre unentbehrlichsten Regeln der Syntax mit beständiger Hinweisung auf die verwandten Sprachen; Uebersetzungsübungen aus Högel's I. Theil. — Wochentlich 3 Stunden.

V.—VI. Lectüre und Erklärung classischer **Stücke aus** „Herrig's: The Britisch Poets." — Wochentlich 2 Stunden.

J. Tkacz.

11. **Turnen.** Der obligate Turnunterricht wurde in 5 Abtheilungen ertheilt; jede Abtheilung erhielt wochentlich 2 Stunden Unterricht nach folgendem Lehrplane:

I. Abtheilung:

Ordnungsübungen: Richten, Oeffnen und Schliessen der Reihen und Rotten, Drehungen der Einzelnen, Gleichschritt **im Gehen** und Laufen. Einfache Reihungen. Freiübungen an **und von** Ort.

Gerätturnen: Freispringen mit besonderer Berücksichtigung auf richtige Körperhaltung, Uebungen mit dem langen Schwungseil, Schwebebaum, einfache Barrenübungen, Wechsel von Stand, Sitz und Stütz, Hang und Hangelarten an der wagrechten Leiter und am Reck, Klettern an Stangen und Tauen. Turnspiele.

II. Abtheilung:

Ordnungsübungen: Reihungen von Reihen, Windungen. Zusammengesetzte **Freiübungen.** Fortsetzung der wichtigsten Gang- und Laufarten.

Gerätturnen. Hoch-, Weit- und Tiefsprung aus der Grund- und Schrittstellung, mit Angehen, Anlaufen. Das Bockspringen beschränkte sich auf einige wesentliche Grundübungen. Barrenübungen: Leichtere Stütz- und Schwungarten, Sitzwechsel, **Liegestütz.** Hang- und Hangelarten am Reck und der **wag**rechten Leiter mit verschiedenen Griffarten und Drehungen. Klettern an Stangen **und Tauen.** Turnspiele.

III. Abtheilung:

Ordnungsübungen: Bildung von Reihenkörpern und Reihenkörpergefügen, Schwenkungen in geschlossenen Reihen **an Ort,** während des Marsches, mit und ohne Fassungen. Zusammengesetzte Freiübungen **in der Grund-, Schritt**und Grätschstellung an Ort, im Marsche und im Laufe.

Gerätturnen: Hoch- und Weitspringen mit Arm- und Beinthätigkeiten, $\frac{1}{4}$ und $\frac{1}{2}$ Drehungen. Fortsetzung des Bockspringens. Barren: Stützeln, Stützhüpfen, Streckstützschwingen, Wende, Kehre, Sitzarten und Sitzwechsel. Reck: Seit- und Querstreckhang. Schwingen im Seithange. Unterarmhang vorlings, ein- und beidarmig, Schwingen in diesem Hange; Quer- und Seitknieliegehänge, Schwingen in diesem Hängen. Wellauf- und Abschwünge, Felgauf- und Abschwung. Hang- und Hangelübungen an den Leitern, Klettern in verschiedenen Formen und Griffarten. Turnspiele.

IV. Abtheilung:

Ordnungsübungen: Fortgesetzte und verbundene Ordnungsübungen in Linie und Säule, Schwenkungen der Reihen und Rotten. Verbindungen des Reihens und Schwenkens. Freiübungen: Auslagen, Ausfälle, Hiebe, Stösse. Hüpfarten mit Arm- und Beinthätigkeiten. Dauerlauf. Freispringen bei grösserer Höhe und Weite des Zieles. Bock: Grätschübersprung hoch und weit, mit $\frac{1}{4}$ und $\frac{1}{2}$ Drehungen hinter dem Bocke, Fechtsprünge. Pferd: Einfache Seiten- und Hintersprünge, Spreiz- und Sitzarten, Hocke, Flanke, Kehre. Längensprünge zum Reit- und Seitsitz. Barren: Streckstützschwingen mit Beinthätigkeiten, mit Stützeln, Stützhüpfen. Unterarmstütz; Sitzwechsel, Schwünge aus den Arten des Sitzes. Reck: Hangschwingen mit Hangeln, Hangzucken, Griffwechsel Hangkehre. Wellauf- und Umschwünge, Felgauf- und Umschwünge. Unterschwung. Die übrigen Hanggeräte fanden häufige Anwendung.

V. Abtheilung:

Ordnungsübungen: Anwendung und weitere Ausbildung des Früheren. Verbindungen von Freiübungen, Hantelübungen. Frei- und Bockspringen in zunehmender Schwierigkeit. Pferd: Seiten- und Hintersprünge bei grösserer Höhe des Pferdes und grösserer Weite des Absprunges. Geschwünge. Barren Schwünge aus den Arten des Sitzes; Armwippen; Unterarm- und Knickstützübungen, Aufstemmen und Aufkippen. Reck: Gemischte Hang- und Stützübungen. Schwungarten und Drehungen um die Längen- und Breitenaxe. Die übrigen Hanggeräthe wurden nach Thunlichkeit mitbenützt.

K. Schneck.

B. Nicht obligate Unterrichtsgegenstände.

1. **Latein** für Schüler der Oberrealschule.

Aus Hoche's lat. Lesebuche 2. Theil wurden gelesen: Livius. I, 1—16 (Gründung Rom's und Regierung Romulus'.) — Cicero 2. cat. Red. — Ovid. Trist I, 3. (Abschied von Rom.), IV, 10. (Des Dichters Leben.), Fast. II, 83—118. (Arion); II, 195—242 (Fabierschlacht bei Cremera); II, 685—762, 813—852 (Ende des Königthums.), Met. VIII, 267—545 (die kalydonische Jagd.) — Wöchentlich 2 Stunden. — Der Unterricht wurde 11 Schülern ertheilt.

K. Schmit.

2. **Gesang.** I. Abtheilung. Elementarunterricht nach Leopoldseder's Gesangslehre. — Wöchentlich 2 Stunden.

II. **Abtheilung.** Vierstimmige **Chöre** aus **Tippmann's Liederbuch** Nr. 3. **32 Schüler.** — **Wochentlich 2 Stunden.**

M. Daurer.

3. **Stenographie.** I. Abtheilung. Wortbildung, Wortkürzung und Satzkürzung. — **Wochentlich 2 Stunden.**
II. Abtheilung. Wiederholung des Lehrstoffes mit besonderer Berücksichtigung der Satzkürzung. Schnellschreibübungen. — Wochentlich 2 Stunden.

S. Hahndel.

C. Die Gewerbeschule.

Die Zahl der aufgenommenen Schüler betrug 94, **somit 6 mehr** als im Vorjahre. Die Schüler vertheilten sich in die einzelnen Abtheilungen in folgender Weise:

a) Vorbereitungscurs·

I. Abtheilung 14 Schüler. II. Abtheilung 30 Schüler.

b) Eigentliche Gewerbeschule:
50 Schüler.

Die Lehrgegenstände des Vorbereitungscurses waren: Religion, Deutsch, **Rechnen,** Schönschreiben und Zeichnen. Dieselben wurden von dem Herrn Professor **Joh.** Kalchhauser und den Herren **Lehrern** der hiesigen **Knaben-Volksschule, Georg** Brauch und Alois Gruber gelehrt. Die **Zahl** der wöchentlichen Unterrichtsstunden betrug in jeder Abtheilung 7. Der Unterricht wurde an Sonntagen Vormittags **von** 9—12 Uhr, an Montagen und Freitagen Abends von 7—9 Uhr ertheilt. Hier muss noch erwähnt werden, dass mit Erlass des hoh. k. k. n. ö. Landesschulrathes vom 30. Dezember 1874 Z. 7921 der Vorbereitungscurs der Gewerbeschule für **jene** Lehrlinge als Pflichtschule erklärt worden ist, welche das Ziel des Volksschulunterrichtes noch nicht erreicht haben.

Der Unterricht an **der** eigentlichen Gewerbeschule wurde an den Vormittagen der Sonntage von 8—12 Uhr, ferner Montag, Dienstag, Mittwoch und Freitag Abends von 7—9 Uhr **und zwar nach** folgendem Lehrplane ertheilt:

1. **Deutsche Sprache.** [Mündliche **und schriftliche Einübung** von Geschäftsaufsätzen. — Wochentlich 2 Stunden.

K. Schmit.

2. **Geographie.** Die wichtigsten Vorbegriffe. Die europäischen Culturstaaten nach ihren gewerblichen und mercantilen Verhältnissen vorzugsweise behandelt. — Wochentlich 1½ Stunden.

A. Löger.

3. **Arithmetik.** Wiederholung der Grundrechnungsarten, besonders in Decimalzahlen. Metermass **und** Rechnungen mit demselben. — Wochentlich 2 Stunden.

J. Kalchhauser.

4. **Naturlehre.** Allgemeine Eigenschaften der Körper. Wärmelehre. Die wichtigsten Gesetze der Akustik, Optik und das Wesentlichste aus der Elektricitätslehre und Magnetismus. — Wochentlich 2 **Stunden.**

G. Sommer.

5. **Chemie.** Chemische Elemente. Die technisch wichtigsten chemischen Verbindungen.

Dr. A. Effenberger.

6. **Geometrie.** Geometrische Formenlehre; Berechnung der Flächen und Körper mit besonderer Anwendung auf die gewerbliche Praxis. — Wochentlich ½ Stunde.

J. Hoschek.

7. **Mechanik und Maschinenkunde.** Die Kräfte im Allgemeinen. Die Zusammensetzung und Zerlegung der Kräfte. Einfache Maschinen und ihre verschiedenen Anwendungen. Wiederstände der Bewegung. Mechanische Arbeit der bewegenden Kräfte. Die wichtigsten Maschinentheile, als: Wellen, Zapfenlager, Kuppelungen, Riemenscheiben, Zahnräder, Kurbel, Schwungrad, Excentrik etc. Beschreibung einzelner Maschinen; verticale und horizontale Wasserräder, **Saug-** und Druckpumpen; Feuerspritze, hydraulische **Presse,** die Dampfmaschinen. — Wochentlich 1½ Stunden.

J. Hoschek.

8. **Geometrisches Zeichnen.** Für Anfänger Geometrische Constructionen in der Ebene, Darstellung der geometrischen Körper in orthogonaler Projection. Für Vorgeschrittene: Zeichnen nach Vorlagen mit Rücksicht auf das **Gewerbe des Schülers.** — Wochentlich 2 Stunden.

J. Hoschek.

9. **Freihandzeichnen.** Zeichnen nach Vorlagen und Modellen leichterer Art mit möglichster Berücksichtigung der einzelnen Gewerbe. — Wochentlich 2 Stunden.

O. Waibl.

Schliesslich muss noch eines Erlasses des hoh. k. k. n. ö. Landesschulrathes, betreffend das Gewerbeschuljahr, gedacht werden.

Es ist nämlich eine, wahrscheinlich an allen gewerblichen Fortbildungsschulen jährlich wiederkehrende Erscheinung, dass der Schulbesuch in den Sommermonaten in auffallender Weise abnimmt, so dass die regelmässige Fortführung des Unterrichtes dadurch nicht nur erschwert, sondern bisweilen ganz unmöglich gemacht wird.

Da nun diese Abnahme des Schulbesuches sich hauptsächlich aus den in den Sommermonaten sich anders gestaltenden Arbeitsverhältnissen erklärt, so fasste der löbl. Ortsschulrath der Stadt St. Pölten auf Grund einer ihm ertheilten Ermächtigung in seiner Sitzung vom 9. April d. J. den Beschluss, dass künftighin das Gewerbeschuljahr am 16. September eröffnet und am 15. Mai geschlossen werden solle, und diesem Beschlusse wurde laut Erl. vom 5. Mai d. J. Z. 2328 die Genehmigung des hoh. k. k. n. ö. Landesschulrathes zu Theil. Derselbe Ortsschulrath hat aber auch in der erwähnten Sitzung sofort dafür Sorge getragen, dass für die durch die Abkürzung des Schuljahres ausfallenden Unterrichtsstunden durch Vermehrung der Zahl der wöchentlichen Lehrstunden während der Wintermonate ein vollständiger Ersatz geboten werde.

V. Deutsche Themata in der Oberrealschule.

V. Classe.

Hausarbeiten:
1. Das Feuer. Abhandlung.
2. Streit zwischen Agamemnon und Achilles. Erzälung nach dem 1. Ges. der Iliade.
3. Woran erinnert und wozu ermahnt der Wechsel des Jahres? Abhandlung.
4. Der Schicksalsglaube bei den Griechen. „Denn unser Schicksal waltet rings mit Nacht bedeckt." Iphigenie in Tauris. Euripides. Abhandlung.
5. Der Ackerbau, die Grundlage der Cultur. Abhandlung.
6. Gedankengang der ersten olyntischen Rede. Demosthenes.
7. Erklärung des Sprichwortes: „Rom wurde nicht in einem Tage erbaut."
8. Wie Günther Brunnhilde gewann. Freie Erzälung nach dem 7. Abent. des Nibelungenliedes.
9. Charakter Dietrichs von Bern. Nach d. Nib.

Schularbeiten:
1. Ein Herbstmorgen. Schilderung.
2. Achilles. Charakteristik.
3. Lykurgus und Solon. Parallele.
4. Orestes findet und erkennt seine Schwester Iphigenie. Erzählung nach „Iphig. in Tauris." Eurip.
5. Die Kugelgestalt der Erde. Abhandlung.
6. Griechenland und Italien. Parallele in Bezug auf Bodenplastik und Bewässerung.
7. Die Comitien während der ersten Periode der römischen Republik. Abhandlung.
8. Wie Günther, Hagen und Kriemhilde erschlagen werden. Freie Erzälung nach dem Nibelungenliede.
9. Welchen Nutzen gewährt das frühe Aufstehen? Brief.

Rud. Ullrich.

VI. Classe.

Hausarbeiten:
1) Das Wasser. Abhandlung.
2) Wilhelm Tell. Erzälung nach Schillers gleichnamigem Schauspiel.

3. Gertrud. Charakterschilderung nach Schillers Schauspiel Wilhelm **Tell**.
4) „Das Alte stürzt, es ändert sich die Zeit, Und neues Leben blüht aus den Ruinen." Wilhelm Tell. 4. Aufz. 2. Sz. Abhandlung.
5) Das Licht. Abhandlung.
Rud. Ullrich.

6) Der Blinde und der Lahme. Als Dialog oder Abhandlung.
7) Minna von Barnhelm. Inhaltserzälung.
8) Die Jungfrau von Orleans in Geschichte und Sage.
9) Iphigenie auf Tauris. Schilderung nach Act I, Scene 1.
Gustav Held.

Schularbeiten:
1. Der Wechsel der Jahreszeiten. Abhandlung.
2. Rip van Winkle's Vision. Freie Uebersetzung aus dem Englischen.
3. Erklärung des Sprichwortes: „Früh übt sich, was ein Meister **werden** will."
4. Die Westgothen. Kurzgefasste historische Erzählung.
5. Der Rhein. Beschreibung.
Rud. Ullrich.

6. Klopstock und die französische Revolution. Mit Zugrundelegung der Ode „Mein Irrtum."
7. Just in Lessings „Minna v. Barnhelm." Charakterschilderung.
8. Der Mensch der Herr der Erde. Abhandlung.
9. „Des Lebens ungemischte Freude Ward keinem Irdischen zu Theil." (Schiller.) Erläuterung.
Gustav Held.

VII. Classe:

1. Göthe's erste Lebensjahre. (Nach „aus meinem Leben Wahrheit und Dichtung."
2. Die Glocke, die Begleiterin des menschlichen Lebens. Nach Schiller's „Lied von der Glocke."
3. Lobrede auf eine Gans. Gehalten am Martinstage.
4. Gut verloren, etwas verloren; Ehre verloren, viel verloren; **Mut** verloren, alles verloren. Göthe.
5. Hermann und Dorothea. Charakterbilder nach Göthe's „Hermann und Dorothea."
6. Die Neujahrsnacht eines Glücklichen. Nach Jean Paul „Neujahrsnacht eines Unglücklichen.
7. Folgen des dreissigjährigen Krieges.
8. Strafe muss sein wie Salat, der mehr Oel als Essig hat. Logau.
9. Es liebt die Welt das Stralende zu schwärzen, und das Erhab'ne in den Staub zu zieh'n. Schiller.
10. Welcher Mittel bedient sich Marc Anton in seiner Rede (Shakespeare „Julius Caesar" 3. Akt 2. Scene) um das Volk zur Rache an Caesars Mördern zu entflammen?
11. Die Klöster als Culturanstalten im Mittelalter.
12. Ferro nocentius aurum. Ovid.

13. Welche Bedeutung hat „Wallensteins Lager" in der gesammten Trilogie?
14. Gemeinsame Verbindungen der Hellenen.
15. Ursachen der französischen Revolution.
16. Einigkeit macht stark. Maturitätsarbeit.

K. Schmit.

VI. Maturitätsprüfungen.

In Folge der am 25. Juli 1874 unter dem Vorsitz des Herrn k. k. o. ö. Professors und Mitgliedes des hohen k. k. n. ö. Landesschulrathes Dr. A. Kornhuber abgehaltenen Maturitätsprüfungen erhielten nachbenannte Abiturienten das Zeugnis der Reife zum Besuche einer technischen Hochschule:

1. Ernst Max aus Loosdorf in N.-Oest. (mit Auszeichnung)
2. Fürst Karl aus Zwettl in N.-Oest.
3. Spitzer Josef aus Wien in N.-Oest.

Für den Julitermin d. J. haben sich zur Ablegung der Maturitätsprüfung alle 16 Schüler der VII. Klasse gemeldet; ferner wurde auch ein Externist behufs Ablegung dieser Prüfung von dem hoh. k. k. n. ö. Landesschulrathe der Anstalt zugewiesen. Mit diesen Abiturienten wurden am 31. Mai, dann am 1., 2. und 3. Juni die schriftlichen Prüfungen abgehalten; für die mündlichen Prüfungen wurden die Tage vom 15. bis inclusive 17. Juli bestimmt.

Das Ergebnis dieser Prüfungen wird im Programme des nächsten Schuljahres veröffentlicht werden.

VII. Lehrmittelsammlungen.

1) **Naturhistorisches Cabinet.**

A.) Durch Kauf:

1. Aus der vom hoh. n. ö. Landtage bewilligten Subvention von 200 fl. wurde angekauft:

Ein grosses Mikroskop (Nr. 2) von G. & S. Merz in München mit 3 Objectivsystemen und 4 Ocularen, Vergrösserung 60—1440 mal. Dazu eine Zeichnen-Prisma. Preis 118 Thaler.

2.) Eine Auswahl von Insekten verschiedener Ordnungen zur Ergänzung der Schulsammlung.
3.) Eine Collection von Arten Stassfurter Mineralien und daraus dargestellten Produkte.

B) Durch Schenkung:

Von Herrn Deschauer in Scheibbs, dem die Anstalt zu besonderem Danke verpflichtet ist, erhielt dieselbe schön ausgestopfte Exemplare folgender Vögel: Haliaëtos albicilla (2), Cinclus aquaticus, Sitta europaea, Pernis apivorus, Cotyle riparia, Tetrao lagopus, Perdix saxatilis, Phasianus colchicus, Glottis canescens, Ardea purpurea, Nycticorax grisens, Ciconia alba, Anas boschas, Sterna hirundo.

Ferner erhielt die zoologische Sammlung von den Schülern: **Salcher** (I. Classe) 1 Rallus aquaticus, Patuzzi (I. Cl.) 1 Tetrao Bonasia, Wimmer (III. Cl.) 1 **Barbe, 1 Rotflosser**, 1 Pfrille.

Die mineralogische Sammlung wurde bereichert durch mehrere ausgewählte Stücke von Kalktuff von Herrn Deschauer in Scheibbs, ferner durch ein Stück Quarzit mit Pyrit von Bergwerksdirektor Oppel in Dux. Proben von Torf und Gyps aus Mitterbach von Gamsjäger, Schüler der II. Cl., 1 Calcitkrystall von Stummer (II. Cl.), endlich durch je 1 Stück Zinnerz-Pyrit (Oktaëder-Krystalle) Kaliglimmer, Magnesiaglimmer, Lithlonglimmer, **Gneuss**, Felsitporphyr und rothen Porphyr vom **Unterzeichneten**.

E. Hackel, Custos.

2) Für das **physikalische Cabinet** wurden angeschafft: 1 eiserner Träger, 1 Quadrant mit Nonius, 1 Haspelmodell, 1 Windenmodell, Hebel, Modelle einer flachgängigen und einer scharfgängigen Schraube, Gewichte (bis 200 Gramm), 1 Sphärometer, Vorrichtung zur Demonstration des archimedischen Princips, 4 Pyknometer, 1 **Heronsbrunnen**, 1 Zungenpfeife mit Glaswänden, 1 Interferenzröhre, diverse Drahtgitter, 1 **Siedepunktapparat**, 1 Stereoscop, verschiedene Linsen, 3 Cuvetten für Fluorescenz, 1 Uranglaswürfel, 2 Quarzkeile, 1 **Quarzplatte** (parallel zur Axe), eine $1/4$ Undulationsplatte, 2 gekühlte Gläser, 1 zerlegbare Franklin'sche **Tafel**, 1 Lanè'sche Massflasche, 1 **Flaschenbatterie**, 1 Oberflächenconductor, 10 Drahtklemmen.

G. Sommer, Custos.

Für das **chemische Laboratorium** wurden im Schuljahre 187¼/₅ neu angeschafft: 6 Abdampfschalen von Porzellan, 2 Glasdosen, 1 Satz Bechergläser, 6 Bürsten, 1 Filtrirgestell von Holz, 1 eiserne Pfanne, 1 Polirstahl, 1 eiserner Spatel, 2 Woulf'sche Gefässe **nach Bunsen, Kautschukröhren, Kautschukstöpsel**, Kupferdraht, Eprouvetten und 13 chemische Präparate.

Dr. A. Effenberger, Custos.

4) **Lehrmittel für darstellende Geometrie**: 20 Modelle für den Unterricht in der orthogonalen Projectionslehre von J. Schröder in Darmstadt.

J. Hoschek, Custos.

VIII. Bibliothek.

Dieselbe wurde theils durch Geschenke, theils durch Ankauf um folgende Werke und Schriften vermehrt:

a) Geschenke:

Vom hoh. k. k. Ministerium für Cultus und Unterricht: Navigazione e commercio in Porti Austriaci nel 1872, 1873. — Navigazione in **Trieste** nel 1872, 1873. —

Navigazione austro-ungarica all' estero. — Summarischer Bericht betreffend die Verhältnisse der Industrie, des Handels und Verkehres Ober-Oesterreichs im Jahre 1873. — Bericht über den Handel, die Industrie und die Verkehrsverhältnisse in Nieder-Oesterreich während des Jahres 1870. — Verhandlungen der Handels- und Gewerbekammer in Wien 1874. — Beiträge zur Geschichte der Gewerbe und Erfindungen Oesterreichs u. s. w. Erste und zweite Reihe. — Eine Reise nach Rangoon.

Vom hoh. n. ö. Landesausschuss: Die stenographischen Protokolle des n. ö. Landtags 1874. — Bericht des n. ö. Landesausschusses über seine Amtswirksamkeit 1873—74. — Zusammenstellung der in der 3. Session der 4. Wahlperiode gefassten Beschlüsse.

Von der kais. Akademie der Wissenschaften in Wien: Sitzungsberichte I.—III. Abtheilung. — Almanach 1874. — Archiv f. österr. Geschichte 52. Band.

Von der k. k. statistischen Central-Commission: Statistisches Jahrbuch f. d. J. 1872 und 1873. — Mittheilungen aus dem Gebiete der Statistik 20. Jahrgang 4.—6. Heft. — Schimmer, die Bevölkerung von Wien und seiner Umgebung.

Von der Beck'schen Universitätsbuchhandlung (A. Hölder) in Wien: Schnellinger Grundlehren der allgemeinen Arithmetik und Algebra.

Von Herrn Dr. Anton Kerschbaumer, geh. päpstl. Kämmerer, Ehrencanonicus von St. Pölten, Dechant und Stadtpfarrer zu Tuln: dessen Geschichte der Stadt Tuln.

Von Herrn Karl Tatzel, k. k. Landtafeladjunct: Johannes v. Müller's sämmtliche Werke in 40 Bänden.

Von Herrn Professor S. Hahndel: Fessler, Aristides und Themistokles, 2 Bde. — Adelung, Ueber den deutschen Styl. — Boroni, Nuovo vocabulario italiano-tedesco.

Die Schülerlade wurde durch folgende Geschenke bereichert:

Von Herrn Professor J. Tkacz: Wappler, Geschichte der kath. Kirche. — Geschichte der Offenbarung des neuen Testaments. — Lieleg, Erster Unterricht in der Chemie. — Hannak, Oesterreichische Vaterlandskunde. — Krist, Anfangsgründe der Naturlehre. - Kauer, Elemente der Chemie.

Von dem Schüler der 2. Cl. Rudolf Lemberg: Wappler, Geschichte der göttl. Offenbarung. — Neumann und Gehlen, Lesebuch für die 1. Kl.

Von dem Schüler der 2. Cl. Franz Rechbach: Wappler, Geschichte der göttl. Offenbarung. — Neuman und Gehlen, Lesebuch für die 1. Cl. — Villicus, Arithmetik, 1. Th. — Pütz, Leitfaden der vergl. Erdbeschreibung.

b) Angekauft:

Jürgens, Etymologisches Fremdwörterbuch. — Simrock, Rheinsagen. — Linnig, Der deutsche Aufsatz. — Richter, Deutsche Heldensagen des Mittelalters. — Brüder Grimm, Deutsche Sagen. — Schwab, Fünf Bücher deutscher Lieder und Gedichte. — Vogel, Germania.

Klotz, Handwörterbuch der lat. Sprache. — Draeger, Ueber Syntax und Styl des Tacitus. — L. Annaei Senecae opera ed. Haase. — L. Annaei Senecae tragoediae edd. Peiper et Richter. — C. Plini Caecili Secundi epist. ll. IX. ed. Keil. — P. Ovidii Nasonis tristium ll. V. ed. Merkel. — P. Ovidii Nasonis fast. ll. VI. ed. Merkel. — Q. Curtii Rufi

de gestis Alexandri **Magni** ed. **Foss.** — **Rozek,** Beispiel- und Aufgabensammlung I.
Euripidis tragoediae ed. Witzschel. — Hesiodea quae feruntur carmina ed. Köchly. — Luciani Samosatensis opera ed. Reitz. — Luciani Samosatensis opera ed. Jacobitz. — Lucians Werke übers. v. Wieland. — Sophokles f. d. Schulgebrauch erklärt von Wolf. — Xenophontis opera rec. L. Dindorf. — Platonis dialogi ed. C. Fr. Hermann. — Stobaei florilegium ed. Meineke. — Apollonii Rhodii Argonautica ed. Merkel. — Nicolai griech. Litteraturgeschichte. — Göll, Das gelehrte Alterthum. — Bonitz, Ueber den Ursprung der homerischen Gedichte.
Le Trésor littéraire de la France — Borel, **Album** lyrique **de la France** moderne. — Géruzez; histoire de la littérature française pendant la révolution. — Förster, Richars li biaus. — Laveaux, dictionnaire des difficultés de la langue française. — Génin, Lexique comparé de la langue de Molière etc. — Godefroy. Lexique comparé de la langue de Corneille. — Littré, Histoire de la langue française.
Sheridan, the dramatical works. — Dickens, Nickleby; **Pictures** from Italy. — Lamb, the essays of Elia and Eliana. — Johnson, the lives of the english poets. — Irving, the sketch book. — Lever, Arthur O'Leary. — Coleridge, the poems. — Longfellow, ths poetical works. — Craik, a Manual of english literature. — Mätzner, Englische Grammatik.
Grube, Geographische Charakterbilder. — Umlauft, Die österr.-ung. Monarchie. — Barth, Ostafrika.
Weber, Weltgeschichte. — Mayer, Geschichte Oesterreichs. — Duncker, Geschichte des Alterthums. — Schlosser, Weltgeschichte f. d. deutsche Volk.
Villicus, Ueber Rechnungsformen und Schlussrechnung.
Helmhacker, Tafeln zur Bestimm. häufig vorkommender Mineralien. — Harting, Gebrauch des Mikroskops. — Darwins ges. Werke übers. v. Carus (so weit sie erschienen sind). — Landois, Thierstimmen. — Prantl, Lehrbuch der Botanik. — Eichler, Blüthendiagramme. — Brauer, Neuroptera austriaca.
Fresenius, qualitative und quantitive Analyse. — Lorscheid, organische Chemie.
Schegg, Sechs Bücher des Lebens Jesu. — Vallis, Die Naturgeschichte der Götter. — Hettinger, D. Fr. Strauss.
Haushofer, Der Industriebetrieb.
Lang, Ueber Reformbestrebungen auf dem Gebiete der Realschule.
Jugendschriften: Otto, Männer eigener Kraft. — Pfeil, Gute Kinder brave Menschen. — Becker, Erzälungen aus der alten Welt. — Bässler, Die schönsten Sagen des Mittelalters. — Stoll, Erzälungen aus der Geschichte. — Cooper, Lederstrumpferzälungen. — Hoffmann, Jack, der tapfere Midshipman. — Cooper, Der rothe Seeräuber. — Otto, Dichter- und Wissensfürsten. — Wagner, Im Grünen. — Gräbner, Robinson. — Nieritz, Jugendbibliothek. — Stöber, Erzälungen. — Osterwald, Erzälungen aus der alten deutschen Welt. — Niebuhr, Griechische Heroengeschichten. — Campe, Robinson. — Campe, Die Entdeckung von Amerika. — Horn, Er-

zälungen. — Berndt, Leben Carls des Grossen. — **Caspari**, Der Schulmeister und sein Sohn. — Lausch, Die Schule der Artigkeit. — Claudius, 1001 Nacht. — Lausch, Kinder- und Volksmärchen. — Grimm, Kinder- und Hausmärchen. — Wagner, Buch der Natur. — Stacke, Erzälungen aus der Geschichte. — Sammlung von Zügen des Heldenmuts und Biedersinns der Schweizer. — Schubert, Erzälungen. — Kohlrausch, Die deutschen Freiheitskriege. — Heller, **Bibliothek f. d. Jugend.** — Zingerle, Kinder- und Hausmärchen aus Tirol. — Trautmann, Eppelein von Gailingen.

Petzhold, Katechismus der Bibliothekenlehre. — Hopf, Mittheilungen über Jugendschriften. — **Anleitung zu** wissenschaftlichen Betrachtungen auf **Reisen.**

S. Hahndel, Bibliothekar.

IX. Schülerlade.

Die Schülerlade wurde unter Leitung des Directors vom Bibliothekar Professor S. Hahndel und vom Cassier Professor J. Hoschek verwaltet.

A. Einnahmen.

	fl.	kr.
Kassarest vom Vorjahre		58½
Vom hohen n. ö. Landesausschusse	100	—
Vom evang. Cultusvorstande in St. Pölten	5	—
Vom Herrn M. Klaus, Färbermeister in St. Pölten	3	—
Vom R. Lemberg, Schüler der II. Klasse	5	—
Durch Sammlungen von den Schülern der einzelnen Klassen:		
Von der 1. Klasse . 28 fl. 20 kr.		
» » 2. » . 20 fl. 10 kr.		
» » 3. » . 12 fl. 10 kr.		
» » 4. » . 7 fl. 40 kr.		
» » 5. » . 5 fl. 43 kr.		
» » 6. » . 4 fl. 20 kr.		
» » 7. » . 6 fl. 60 kr.		
	84	03
Summe	197	61½

B. Ausgaben.

	fl.	kr.
An die Buchhandlung Sydy in St. Pölten	82	23
» » » Hoffmann in St. Pölten	60	94
» Buchbinder Hoffmann	11	25
» » Rauer	1	20
» » Speiser	11	16
» Sparkasseeinlage	30	—
» Kassarest	—	83½
Summe	197	61½

C. Ausweis

über das Baarvermögen am Schlusse des Schuljahres 187¼.

	fl.	kr.
Kassarest	—	83½
Sparkasseeinlagen vom Vorjahre	493	—
Kapitalszuwachs durch Zinsen	26	—
Sparkasseeinlage in diesem Jahre	30	—
Summe	549	83½

Aus der Schülerlade wurden 43 Schüler mit Büchern, Schreib- und Zeichenrequisiten betheilt, **wozu neu angeschafft wurden:**
8 Exempl. Drechsel, bibl. Geschichte. — **8 Exempl. Fischer**, Religionslehre. — **1 Exempl.** Fischer, Kirchengeschichte. — 2 Exempl. Neumann, Gehlen deutsches Lesebuch I. — 3 Exempl. Neumann-Gehlen deutsches **Lesebuch** II. — 3 Exempl. Egger, deutsches Lesebnch II. — 13. Expl. Hermann, deutsche Sprachlehre. — 1 Exempl. Hoffmann, Historiae antiquae. — 8 Exempl. Schmidt, latein. Grammatik. — 1 Exempl. Rotek. Uebungsbuch. 1 Exempl. **Hintner, griech.** Elementarbuch. — 1 Exempl. Curtius, griech. **Grammatik.** — 1 **Exempl.** Plötz, Elementar-Grammatik. — 3 Exempl. Plötz, franz. Grammatik. — 4 Exempl. Pütz, Leitfaden der vergl. Erdbeschreibung. **18 Exempl.** Seidlitz, kleine Schulgeographie. — 4 Exempl. Seidlitz, grössere Schulgeographie. — 2 Exempl. Hannak, Geschichte II. — 4 **Exempl.** Hannak, Geschichte III. — 2 Exempl. Hannak, Vaterlandskunde. — 3 Exempl. Gindely, Geschichte II. — 1 Exempl. Pisko, Physik für Oberrealschulen. — 1 Exempl. Krist, Naturlehre. — 4 Pokorny, Thierreich. — 4 Exempl. Hornstein, Mineralogie. — 1 Exempl. Willigk, Chemie I. — 2 Exempl. Willigk, Chemie II. — 1 Exempl. Villicus, Arithmetik III. 8 Exempl. Streissler, Formenlehre I. — 7 Exempl. Streissler, Formenlehre II. — 1 Exempl. Plate, Lehrgang der engl. Sprache. — 2 Exempl. Kozenn, Atlas. — 2 Exempl. Stieler, Atlas. — 6 Zeichenblöcke.

X. Statistische Uebersicht der Schüler.
Zahl der aufgenommenen Schüler: 184.

Classe			Realgymnasium					Oberrealschule				Gesammtsumme
			I.	II.	III.	IV.	Zusammen	I.	II.	III.	Zusammen	
Am Beginne des Schuljahres wurden aufgenommen			55	41	30	19	145	14	9	16	39	184
Während des Schuljahres traten ein			—	—	—	—	—	—	—	—	—	—
Während des Schuljahres gingen ab			9	3	1	1	14	—	—	—	—	14
Es blieben am Ende des Schuljahres			46	38	29	18	131	14	9	16	39	170
Nach dem Bekenntnisse waren	kathol.		48	35	28	19	130	14	9	13	36	166
	evang.		2	—	—	—	2	—	2	—	2	
	israel.		—	4	1	—	13	—	—	3	3	16
Nach der Zuständigkeit waren	einheimisch		21	23	14	6	64	9	4	7	20	84
	fremd		34	18	16	13	81	5	5	9	19	100
Schulgeld zahlten	ganz		36	33	19	16	104	10	9	6	25	129
	z. Hälfte		1	2	2	1	15	2	—	—	2	17
	keines		9	6	9	2	26	2	—	10	12	38
Stipendisten			—	3	2	—	5	1	2	—	3	8
Classification am Schlusse des II. Semest.	Vorzug		6	6	2	2	17	6	—	1	7	24
	1. Kl.		26	22	17	11	76	6	6	14	26	102
	II. Kl.		3	2	2	—	8	—	1	—	1	9
	III. Kl.		2	4	3	2	18	1	—	1	2	20
	Es reparieren		4	2	—	2	8	1	—	3	—	11
	ungeprüft		1	1	1	1	4	—	—	—	—	4
	Vor der Prüfung trat. aus		9	3	1	1	14	—	—	—	—	14

XI. Verzeichnis der Schüler,

welche am Ende des Schuljahres 1871/2 für reif zum Aufsteigen in die höhere Klasse erklärt wurden.

I. Klasse des Realgymnasiums.

Ein Zeugnis der I. Klasse mit Vorzug erhielten:
1. Steinkellner Ignaz.
2. Thierfeld Ignaz.
3. Kerzel Karl.

Ein Zeugnis der I. Classe erhielten:
4. Herzog Johann.
5. Eisenmann Ludwig.
6. Zehetbauer Theodor.
7. Bentz Robert.
8. Reitter Karl.
9. Laubham Franz.
10. Eder Robert.
11. Braunsperger Johann.
12. Salcher Josef.
13. Zischinsky Gustav.
14. Hahn Heinrich.
15. Spiegel Wilhelm.
16. Spiegel Samuel.
17. Lenk von Lenkenfels Otto.
18. Lindermann Josef.
19. Czerny Rudolf.
20. Pastirik Heinrich.
21. Donnau Georg
22. Patuzzi Moriz von
23. Töpper Andreas,
24. Streith Leopold.
25. Härtlein Ludwig.
26. Gutmannsthal Rudolf.
27. Hromatka Julius.
28. Orosy Anton.
29. Schidlof Moriz.

Zur Reparaturprüfung nach den Ferien wurden zugelassen: Stummer Norbert; Unschuld Felix, Ritter von Melasfeld; Wieser Friedrich; Zifferer Eduard (sämmtlich aus Latein).

Krankheits halber blieb ungeprüft: Matern Anton.

II. Klasse des Realgymnasiums.

Ein Zeugnis der I. Klasse mit Vorzug erhielten:
1. Rechbach Franz Frh. v.
2. Markhauser August.
3. Matern Friedrich.
4. Bichler Johann.
5. Gamsjäger Josef.
6. Lemberg Rudolf.

Ein Zeugnis der 1. Klasse erhielten:
7. Linhart Otto.
8. Keinrath Theodor.
9. Schlagenhaufer Otto.
10. Weiss Berthold.
11. Stadler Ambros.
12. Donebauer Andreas.
13. Glaser Georg.
14. Chromy Josef.
15. Ritzengruber Franz.
16. Heiker Richard.
17. Preinreich Alexander
18. Kienesberger Wilhelm.
19. Fraungruber Johann.
20. Peppert Viktor.
21. Schmidt Karl.
22. Bracher Heinrich.
23. Fritz Anton.
24. Lanz Eugen.
25. Tintner Eduard.
26. Leitkep Josef.
27. Leobner Anton.
28. Funk Franz.

Zur Reparaturprüfung nach den Ferien werden zugelassen: Wimmer Franz, Weiss Simon.

III. Klasse des Realgymnasiums.

Ein Zeugnis der I. Klasse mit Vorzug erhielten:
1. Stöhr Hermann.
2. Walter Karl.
3. Fehlner Karl.
4. Stolzlederer Karl.
5. Czerny Johann.
6. Lenk v. Lenkenfels Alfr.

Ein Zeugnis der I. Klasse erhielten:
7. Kohn Bernhard.
8. Löderer Josef.
9. Köck Johann.
10. Madlè Arnold.
11. Fischer Fritz.
12. Bilzer Rudolf.
13. Worlitzky Gottfried.
14. Riebl Matthäus.
15. Werner Emanuel.
16. Zäk Julius.
17. Zwickelhuber Johann.
18. Bixner Josef.
19. Ullreich Josef.
20. Reithofer Anton.
21. Spohn Konrad.
22. Lernet Norbert.
23. Völkl Wilhelm,

IV. Klasse des Realgymnasiums.

Ein Zeugnis der I. Klasse mit Vorzug erhielten:
1. Sturm Ignaz.   2. Primavesi Victor

Ein Zeugnis der I. Klasse erhielten

3. Wimmer Josef.
4. Riebl Franz.
5. Höfinger Karl.
6. Klaus Ernst.
7. Stern Theodor.
8. Hassak Karl.
9. Häfner Franz.
10. Grünwald Hermann.
11. Teufl Leopold.
12. Wesener Bernhard.
13. Wolfgang Karl.

Zur Reparatursprüfung nach den Ferien werden zugelassen Bock August und **Weidlich Adolf.**

I. Klasse der Oberrealschule.

Ein Zeugnis der I. Klasse mit Vorzug erhielten:
1. Hufnagl Leopold.
2. Stöhr Ernst.
3. Vock Hubert.
4. Zimmermann Josef.
5. Itzinger Karl.
6. Schadinger Rudolf.

Ein Zeugnis der ersten Klasse erhielten:
7. Primavesi Anton.
8. Skoday Richard.
9. Klaus Mathias.
10. Matzenauer Engelbert.
11. Klaus Rudolf.
12. Ledochowsky Ant., Graf.

Zur Nachprüfung wurde zugelassen Nowotny Georg.

II. Klasse der Oberrealschule.

Ein Zeugnis der ersten Klasse erhielten:
1. Leobner Heinrich.
2. Weidinger Alois.
3. Kleinerth Friedrich.
4. Peppert Rudolf.
5. Stadler Stefan.
6. Freunthaller Anton.

Zur Reparatursprüfung wird zugelassen: Halla Adolf.

III. Klasse der Oberrealschule.

Ein Zeugnis der I. Klasse mit Vorzug erhielt:
1. Wallanschnik Karl.

Ein Zeugnis der I. Klasse erhielten:
2. Mainhall Friedrich.
3. Allina Max.
4. Schoinz Ludwig.
5. Eder Johann.
6. Marbach Abraham.
7. Sieber Viktor.
8. Krippel Ernst.
9. Kaufmann Franz.
10. Kaller Johann.
11. Stöhr Robert.
12. Schranzhofer Franz.
13. Hromatka Hugo.
14. Allina Adolf.
15. Jungwirth Alois.

Zur Nachtragsprüfung wird zugelassen: Bauer Karl.

XII. Aufnahme der Schüler.

Die Aufnahme der Schüler für das Schuljahr 1875/76 findet vom 11. bis 16. September in der Directionskanzlei statt.

Schüler, welche in die erste Klasse des Realgymnasiums aufgenommen werden wollen, müssen wenigstens 10 Jahre alt sein und sich einer Aufnahmsprüfung unterziehen. Bei dieser Prüfung werden folgende Anforderungen gestellt: Jenes Mass von Wissen in der Religion, welches in den ersten vier Jahrescursen der Volksschule erworben werden kann, Fertigkeit im Lesen und Schreiben der Unterrichtssprache, Kenntnis der Elemente aus der Formenlehre der Unterrichtssprache, Fertigkeit im Analysiren einfacher bekleideter Sätze, Bekanntschaft mit den Regeln der Orthographie und Interpunktion und richtige Anwendung derselben beim Dictandoschreiben. Uebung in den vier Grundrechnungsarten in ganzen Zahlen.

In die II., III. und IV. Classe des Realgymnasiums können solche Schüler aufgenommen werden, welche die I., II. und III. Classe eines Realgymnasiums oder Gymnasiums mit gutem Erfolge absolvirt haben.

In der ersten Classe der Oberrealschule finden jene Schüler Aufnahme, welche die vier Classen einer Unterrealschule oder eines Realgymnasiums absolvirt haben.

Studirende, welche bisher nicht der Anstalt angehörten und aufgenommen zu werden wünschen, haben das Zeugnis des letzten Semesters beizubringen. Aber auch jene Studirende, welche im abgelaufenen Schuljahre der Anstalt angehörten und entweder in einen höheren Jahrgang aufsteigen oder eine Classe wiederholen wollen, müssen sich innerhalb der oben angegebenen Frist bei der Direction anmelden.

Jeder Schüler hat eine Aufnahmsgebühr von 1 fl. zu entrichten. Das Schulgeld beträgt jährlich 10 fl. Gesuche um gänzliche oder halbe Befreiung von der Entrichtung desselben sind an den hoh. n. ö. Landesausschuss zu richten, und belegt mit dem letzten Studienzeugnisse und dem auf legale Nachweise basirten Vermögensausweise oder mit dem Nachweise des annäherungsweisen Jahresverdienstes der Eltern des Bittwerbers bei dem Director der Anstalt bis längstens 1. October einzubringen.

Bei Schülern, welche in die erste Classe eintreten, tritt die Bestätigung über bestandene Aufnahmsprüfung an die Stelle des letzten Studienzeugnisses.

Söhne von Lehrern und Dienern an den öffentlichen Volks- und Bürgerschulen des Landes Niederösterreich sind von der Entrichtung des Schulgeldes so lange enthoben, als sie durch ein wohlgesittetes Benehmen und guten Fortgang dieser Begünstigung sich würdig erweisen.

Im Uebrigen ist die Direction gerne bereit, auf mündliche oder schriftliche Anfragen, die Schule betreffend, den Herren Eltern etc. Auskunft zu geben.